# Un Hogar Rediseñado:

Construyendo Vinculos Eternos

**Mariangeli Morauske**

COPYRIGHT © 2025 by Mariángeli Morauske.

Mariángeli Morauske, MD, MACP., MAPM., Ch., afirma el derecho moral a ser identificada como la autora de esta obra.

Editada por Mariangeli Morauske e inteligencia artificaial.

Diseño gráfico y composición: Mariangeli Morauske

Imagen de portada: Inteligencia Artificial. No corresponde a personas reales.

Impreso en los Estados Unidos de América. Todos los derechos reservados.

Pie de imprenta: Publicado de forma independiente.

Ninguna parte de este libro puede ser reproducida, almacenada en un sistema de recuperación o transmitida en cualquier forma o por cualquier medio, ya sea electrónico, mecánico, fotocopia, grabación, escaneo u otro, sin el permiso previo por escrito del autor, a excepción de las citas breves utilizadas en reseñas críticas o artículos. El permiso se puede solicitar poniéndose en contacto con el autor por correo electrónico a endtimessequence@aol.com.

A no ser que se indique lo contrario, todas las citas de la Sagrada Escritura están tomadas Reina-Valera. (1960). Santa Biblia: Reina-Valera 1960. Sociedad Bíblica. ttps://www.biblegateway.com/versions/Reina-Valera-1960-RVR1960-Biblia/

Las citas de Elena G. de White son de la colección en línea de sus escritos disponible en www.egwwritings.org. Copyright © 2025 by the Ellen G. White Estate, Inc. Usado con permiso. Todos los derechos reservados.

**ISBN: 979-8-89860-253-6** Cobertura dura

Un Hogar Celestial: Construyendo Vinculos Eternos

# Tabla de contenido

Dedicatoria ............................................................................. iii

Mensaje para el Lector ........................................................ v

Capítulo 1: El Primer Santuario ........................................ 1

Capítulo 2: Cuando el hogar se rompe ........................... 11

Capítulo 3: El Poder Transformador del Tiempo ........... 51

Capítulo 4: El Poder Transformador del Amor .............. 73

Capítulo 5: El Poder Transformador de la Comunicación ................................................................................ 91

Capítulo 6: El Poder Transformador de la Oración ....... 97

Capítulo 7: La Restauración de los Hijos Perdidos ...... 129

Capítulo 8: Cómo Perdonar sin Perderse ..................... 145

Capítulo 9: Tradiciones que Sanan y Unen .................. 155

Capítulo 10: El gozo de ser una Familia con Propósito 171

Capítulo 11: De Ruinas a Redención ............................. 185

Conoce al Autor ................................................................. 193

Bibliografía ........................................................................ 203

Un Hogar Celestial: Construyendo Vínculos Eternos

# Dedicatoria

*A mi amado esposo Daniel,* tu amor ha sido la página más hermosa de mi historia. En cada capítulo de mi vida, eres el personaje principal, el que me inspira y me fortalece. Este libro está dedicado a ti, como un pequeño reflejo de la gran huella que has dejado en mi corazón y en mi espíritu. Gracias por ser mi luz, mi apoyo incondicional y mi mayor bendición. Este viaje, compartido contigo, hace cada palabra más significativa.

Con todo mi amor y gratitud.
*Mariangeli*

Un Hogar Celestial: Construyendo Vínculos Eternos

## Mensaje para el Lector

**Querido lector,**

Este libro no es solo un conjunto de capítulos ni un manual con principios aislados; es una invitación sincera a comenzar un viaje transformador, un viaje hacia la construcción de un hogar que sea un verdadero reflejo del cielo en la tierra. Es más que palabras en papel, es un latido vivo que quiere resonar en tu corazón y el de tu familia, para inspirarte a construir relaciones llenas de amor, propósito y gracia divina.

No se trata únicamente de ofrecerte consejos prácticos o herramientas estructuradas. Es un llamado personal, profundo y lleno de intención, para que tomes un momento para reflexionar, para mirar dentro de tu alma y descubrir ese propósito que Dios ha diseñado específicamente para tu familia. Este libro está lleno de herramientas para ayudarte a crear un hogar donde el amor sea genuino, donde el perdón sea el lenguaje habitual, donde la oración transforme la atmósfera, y donde Jesús no sea un visitante ocasional, sino un habitante permanente.

Un Hogar Celestial: Construyendo Vinculos Eternos

Te invito a que leas con calma, con el corazón abierto y los ojos atentos. Cada capítulo ha sido escrito para hablar a tu alma, encender en tu espíritu el anhelo de un cambio significativo y ofrecerte principios claros que puedas aplicar en tu día a día. Este libro está diseñado para ti, para tu familia, para tus amigos, para quienes te rodean. Tómate el tiempo para meditar, subrayar, escribir tus pensamientos, y compartir lo que te inspire con aquellos a quienes amas. Estas páginas no solo buscan ser un espejo para que reflexiones sobre tu vida familiar, sino también un puente para acercarte más a las personas con quienes compartes la vida.

Y si decides emprender este viaje, debes saber que no estarás solo. Cada página ha sido creada con amor y propósito, para ser tu compañero en esta transformación. Cada reflexión es un susurro de esperanza, cada principio es una semilla de cambio. Léelo por tu cuenta, con tu pareja o en un círculo familiar. Permítete el tiempo para dejar que cada palabra haga eco en tu hogar, arraigándose en lo más profundo de tus relaciones y plantando las bases de un legado eterno.

Un Hogar Celestial: Construyendo Vínculos Eternos

Este libro no busca perfección en ti ni en tu familia, porque la perfección no es el requisito para construir un hogar celestial. Lo único que necesitas es un corazón dispuesto, una fe viva y una oración sincera que diga: *"Señor, comienza conmigo. Haz de mi hogar un lugar donde habite Tu amor, Tu gracia y Tu paz."*

Hoy es el momento de dar ese primer paso. No esperes un mejor día, no busques un momento más adecuado. Este libro no es solo un recurso más; es un inicio. El inicio de una nueva historia en tu hogar. Una historia donde el amor trascienda las palabras, donde la fe ilumine los días más oscuros y donde la esperanza se convierta en la fuerza que une a tu familia.

**¿Te animas a construir un cielo en tu hogar?** Todo comienza contigo: con tu fe encendida, con tu disposición a vivir con propósito, y con tu deseo de edificar vínculos que trasciendan el tiempo. Porque cuando decides caminar en esta misión, empiezas a sembrar semillas de cielo aquí en la tierra, transformando tu hogar en un santuario de amor y redención.

Un Hogar Celestial: Construyendo Vínculos Eternos

Con profundo cariño, esperanza y gratitud,
El equipo detrás de *Un Hogar Celestial: Construyendo Vínculos Eternos*

Cada página fue escrita reconociendo que todos estamos en un camino de aprendizaje y transformación. Por eso, quiero compartir contigo este aviso importante:

## Descarga de responsabilidad: Un Libro Vivo y en Evolución

**1. Errores y correcciones:** Este libro ha sido escrito con dedicación, honestidad y un profundo deseo de compartir verdades que transformen. Sin embargo, reconozco que, aunque me he esforzado por ofrecer contenido claro, veraz y cuidadosamente editado, es posible que encuentres algunos errores. Si este es el caso, te agradezco de antemano tu paciencia y comprensión, pues dichos errores no afectan la esencia ni el valor del mensaje del libro.

Tu contribución es valiosa y bienvenida. Si encuentras algo que deba ser corregido, por favor, envíame un correo electrónico a:

Un Hogar Celestial: Construyendo Vinculos Eternos

**endtimessequence@aol.com**. Estaré encantada de corregirlo en futuras ediciones y, con tu permiso, darte el crédito por tu ayuda, que contribuirá al enriquecimiento del mensaje de esta obra.

**2. Interpretación progresiva:** Es importante tener en cuenta que mi comprensión del contenido es progresiva. Estoy en constante crecimiento y apertura al entendimiento. Algunas ideas podrían evolucionar con el tiempo, a medida que recibo más luz, experiencia o revelación. Este libro refleja con humildad lo que hasta ahora he aprendido, vivido y comprendido. Es un testimonio honesto de mi viaje personal y espiritual, que seguirá desarrollándose.

Gracias por formar parte de este proceso vivo. Tu lectura y aplicación de los principios compartidos aquí son el verdadero corazón de esta obra, que busca inspirar, sanar y edificar familias para que reflejen el cielo en la tierra. Tu interacción y feedback son parte esencial de este propósito.

Un Hogar Celestial: Construyendo Vínculos Eternos

# Capítulo 1: El Primer Santuario
## La familia como Reflejo del Cielo

¿Qué pasaría si te dijera que el cielo no comienza allá arriba, sino aquí abajo, en el lugar donde desayunas, ríes, lloras y amas? La familia no es solo un grupo de personas unidas por la sangre. Es el primer santuario que Dios diseñó para revelar su carácter al mundo. En medio del caos moderno, los hogares deben transformarse en templos de esperanza, donde cada corazón late en armonía con el cielo.

Cuando Dios creó al hombre y a la mujer, no comenzó con una iglesia, una escuela o una nación, sino con un hogar. El Edén fue el primer hogar humano, y en él, la familia fue establecida como el reflejo más puro de su imagen. Génesis 1:27 declara: "Ycreó Dios al hombre a su imagen, a imagen de Dios lo creó; varón y hembra los creó."

La familia es, por tanto, el primer espejo del cielo. No se trata solo de convivencia, sino de propósito eterno.

"Toda familia cristiana debe ilustrar ante el mundo el poder y la excelencia de la influencia cristiana. ...

Un Hogar Celestial: Construyendo Vinculos Eternos

Los padres deben comprender su responsabilidad en lo que concierne a mantener sus hogares libres de toda mancha del mal moral" (*El Hogar Cristiano*, p. 15.4).

La restauración y elevación de la humanidad comienza por el hogar

### El poder que forma Vidas

Cada palabra que se dice en casa, cada mirada, cada decisión, contribuye a la construcción del carácter de quienes la habitan. Por eso, no es exagerado afirmar que el futuro de la humanidad se fragua en la intimidad de los hogares. El hogar debe ser una escuela donde los hijos de Dios se preparen para la mansión que Cristo ha ido a preparar para los que le aman.

"La elevación o la decadencia futura de la sociedad será determinada por los modales y la moralidad de la juventud que se va criando en derredor nuestro. Según se hayan educado los jóvenes y en la medida en que su carácter fué amoldado en la infancia por hábitos virtuosos, de dominio propio y temperancia, será su influencia sobre la sociedad. Si se los deja sin instrucción ni control, y como resultado llegan a ser tercos, intemperantes en sus apetitos y pasiones, así será su influencia futura en lo que se refiere a amoldar la sociedad" (El Hogar Cristiano, p. 11.2).

"El hogar debe ser hecho todo lo que la palabra implica. Debe ser un pequeño cielo en la tierra, un lugar donde los afectos son cultivados en vez de ser estudiosamente reprimidos. Nuestra felicidad depende de que se cultive así el amor, la simpatía y la verdadera cortesía mutua " (El Hogar Cristiano, p. 11.3).

Nuestros hogares están formando ciudadanos del cielo o del mundo. Las familias felices no nacen, se construyen. Se esculpen con amor, fe, sacrificio y propósito. ¿Cuánto tiempo dedicamos a este santuario? ¿Estamos levantando altares de oración o monumentos de distracción?

### El primer lugar en prioridades

Jesús nunca dijo: "Busca primero el éxito profesional", si no: "Más buscad primeramente el reino de Dios y su justicia, y todas estas cosas os serán añadidas." (Mateo6:33). Si queremos construir

Un Hogar Celestial: Construyendo Vinculos Eternos

vínculos eternos, debemos comenzar por colocar a nuestra familia en el centro de nuestras prioridades.

Haz un ejercicio: revisa tu calendario de la semana pasada. ¿Dónde está tu familia en él? ¿Qué porcentaje de tus horas fue invertido en fortalecer tus relaciones más importantes? Lo que no se agenda, se pierde.

## Herramientas para transformar tu hogar

Aquí tienes una versión expandida, más profunda y enriquecida de las herramientas para transformar tu hogar, con ejemplos concretos y reflexiones prácticas:

1. **Diálogo Sagrado: Abriendo el corazón para conectar profundamente.** El diálogo sagrado es más que una conversación: es un acto de amor y entrega. Reserva un momento específico del día, sin distracciones, para hablar con tu familia. Este tiempo debe estar libre de teléfonos, televisores u otras interrupciones para permitir una escucha activa y empática.

Por ejemplo, antes de dormir, reúnanse en la sala o alrededor de la mesa para compartir algo significativo que les haya pasado durante el día. Haz preguntas profundas como, "¿Qué es lo que más agradeces hoy?", o "¿Qué momento del día te hizo sentir especial?" Al escuchar, práctica validar sus sentimientos diciendo cosas como: "Entiendo cómo eso pudo ser difícil para ti." Este espacio construirá confianza y fortalecerá los vínculos emocionales.

2. **El altar familiar: Un tiempo sagrado de conexión espiritual.** Restaurar el culto familiar no requiere largas horas. Dedica solo 10 minutos diarios para orar juntos, leer un pasaje bíblico o reflexionar sobre un tema espiritual.

Un ejemplo podría ser elegir un versículo cada semana, como el Salmo 133:1: "¡Mirad cuán bueno y cuán agradable es que los hermanos habiten juntos en armonía!" Después, cada miembro puede compartir una reflexión personal sobre cómo aplicarlo en sus vidas. Incluso los más pequeños pueden participar dibujando lo que entendieron del pasaje. Este altar familiar no solo une a la familia, sino que también renueva su propósito espiritual.

3. **El Día de la Bendición: Creando recuerdos que trascienden.** Dedica un día al mes para hacer algo especial como familia, creando una atmósfera de alegría y unidad. No necesitas un gran presupuesto; lo importante es la intención y la conexión.

Por ejemplo, organiza una cena temática en casa, como una "noche italiana", donde todos ayuden a preparar pizza desde cero. Alternativamente, salgan al parque con una manta para un pícnic, llevando una lista de juegos y actividades al aire libre, como volar una cometa o jugar charadas familiares. Estos momentos se convertirán en memorias preciadas y reforzarán los lazos entre ustedes.

4. **La lista de Gratitud Familiar: Cultivando corazones agradecidos.** El hábito de la gratitud transforma las perspectivas y fortalece los vínculos. Cada semana, reúnanse como familia y escriban tres bendiciones que hayan experimentado juntos.

Por ejemplo, podrían incluir momentos como: "Cocinamos todos juntos el domingo", "Nos apoyamos mutuamente en un momento difícil" o "Dimos gracias a Dios por la salud de la familia." Coloca esta lista en un lugar visible, como el refrigerador, y revísenla al final del mes. Esto no solo creará un sentido de gratitud, sino que también los ayudará a recordar cuánto tienen, por lo que sentirse bendecidos.

5. **El compromiso de la prioridad: Construyendo un hogar centrado en el amor.** Este compromiso no solo es una declaración, sino una elección diaria para mostrar que el hogar es la prioridad. Esto implica tomar decisiones intencionales y prácticas para poner a la familia en primer lugar.

Por ejemplo, pueden decidir juntos limitar las horas de trabajo después de cierto horario, priorizando la cena en familia. También podrían establecer un acuerdo para iniciar cada fin de semana con una actividad familiar, como una caminata por el vecindario o una noche de juegos de mesa.

Asegúrense de evaluar regularmente estas prioridades juntos, preguntándose: "¿Qué más podemos hacer para que el hogar sea un refugio de amor y paz?"

Implementar estas herramientas es un proceso continuo que requiere intención y dedicación. Cada una está diseñada para cultivar la unidad, el amor y la espiritualidad en el hogar, convirtiéndolo en un reflejo del cielo.

## Ejemplo de vida real

Recuerdo una madre que me dijo entre lágrimas: "He trabajado toda mi vida por mis hijos, pero me doy cuenta de que nunca estuve con ellos realmente". Hoy, después de perder a su esposo, ha convertido su casa en un cielo anticipado, donde sus nietos encuentran amor, oración y propósito. Ella me dijo: "Ahora entiendo que Dios me dio una segunda oportunidad para construir vínculos eternos".

## Un Hogar Celestial: Construyendo Vinculos Eternos

Tu hogar no es un accidente geográfico ni una estructura arquitectónica. Es un altar viviente, un espacio divino para reflejar a Dios. La transformación no vendrá de afuera ni de promesas vacías. Comienza con una decisión: hacer del hogar el lugar donde el cielo y la tierra se abrazan.

La obra más importante que se puede llevar a cabo en esta vida es la obra realizada en el hogar. "Los padres y las madres que ponen a Dios en primer lugar en su familia, que enseñan a sus hijos que el temor del Señor es el principio de la sabiduría, glorifican a Dios delante de los ángeles y delante de los hombres, presentando al mundo una familia bien ordenada y disciplinada, una familia que ama y obedece a Dios, en lugar de rebelarse contra él" (*El Hogar Cristiano,* p. 23.2).

Un Hogar Celestial: Construyendo Vínculos Eternos

# Capítulo 2: Cuando el hogar se rompe

**Reconocer la crisis y restaurar el Diseño Divino**

Hay silencios en los hogares que gritan más que las palabras. Hay cenas donde los platos suenan más fuerte que las voces. Y hay camas que, aún compartidas por dos personas, están más vacías que las del desierto. En mi andar como psicóloga, he descubierto que muchas familias se rompen mucho antes de que alguien lo diga en voz alta.

Pero no nacimos para vivir rotos. El cielo no fue diseñado para ser un lugar lejano al que llegamos solo después de morir, sino un reflejo vivo en el corazón de cada hogar. Y cuando una familia se aleja de ese diseño, la tristeza se instala, la esperanza se apaga… pero también se abre una puerta: la puerta de la restauración.

### Una realidad que ya no se puede negar

Marta llegó a mi consulta con un sobre en la mano. Era su citación de divorcio. "No sé cómo llegamos aquí," dijo con voz apagada. Tenía apenas cuarenta años, pero el alma le pesaba como ochenta. "Yo estaba feliz. Teníamos planes, orábamos juntos... ¿En qué momento se desmoronó todo?" Lo que Marta no sabía es que no estaba sola.

**Más de la mitad de las familias hoy viven con vínculos rotos, aunque sus redes sociales muestren lo contrario.** Hijos que crecen sin afecto, esposos que conviven como extraños, madres que aman en soledad, y padres que gritan porque nadie les enseñó a llorar.

La familia, que debería ser el primer lugar donde se respire cielo, ha sido blanco constante de un enemigo invisible.

Satanás está obrando con todo poder para destruir las familias. Sabe que el corazón de la sociedad, de la iglesia y de la nación es el hogar.

Y si el enemigo quiere destruir el hogar, es porque allí comienza la gloria de Dios en la tierra.

**Una realidad que ya no se puede negar: Historias que reflejan corazones rotos.** Marta llegó a mi consulta sosteniendo un sobre con manos temblorosas. Era su citación de divorcio. Con apenas cuarenta años, sus palabras revelaban el peso de un alma desgastada: "No sé cómo llegamos aquí. Yo estaba feliz. Teníamos planes, orábamos juntos... ¿En qué momento se desmoronó todo?" Marta no lo sabía, pero su historia era compartida por miles de familias que navegan silenciosamente por aguas de desconexión y dolor.

Esta historia no es un caso aislado. **Más de la mitad de las familias hoy enfrentan vínculos rotos**, aunque las redes sociales cuenten una narrativa distinta: fotos sonrientes en vacaciones, publicaciones optimistas de aniversarios, pero una realidad de silencios, desconexión y corazones heridos tras la pantalla.

**Ejemplo práctico:** Imagina a una pareja que publica fotos felices de unas vacaciones familiares, pero que pasan el viaje entero discutiendo o aislados en sus teléfonos. Este contraste entre la apariencia y la realidad refleja una desconexión que necesita ser atendida antes de que las grietas se conviertan en abismos.

Un Hogar Celestial: Construyendo Vínculos Eternos

**La familia: Blanco de un enemigo invisible**
El hogar fue diseñado por Dios como un refugio, el primer lugar donde se respira cielo, pero ha sido constantemente atacado por un enemigo invisible. Satanás está obrando con todo poder para destruir las familias. Sabe que el corazón de la sociedad, de la iglesia y de la nación es el hogar.

El ataque del enemigo no siempre es visible. Puede manifestarse en palabras no dichas, abrazos ausentes o en la rutina que lentamente sustituye a la conexión intencional. Cada crítica sin restauración, cada oración olvidada y cada mirada esquiva se convierte en herramientas del enemigo para fragmentar el diseño divino del hogar.

**Reflexión:** Si Satanás lucha tan ferozmente por destruir el hogar, es porque entiende su propósito divino. Cada familia es un potencial reflejo de la gloria de Dios en la tierra. Defender este espacio comienza al ser conscientes de su valor y al trabajar diariamente para protegerlo.

Un Hogar Celestial: Construyendo Vinculos Eternos

**Un diseño divino que se puede restaurar.** El hogar no fue un invento humano, sino el primer santuario creado por Dios. Adán y Eva comenzaron su existencia en un jardín de amor y comunión, no en un templo de piedra. El primer altar fue un abrazo, y la primera oración, una conversación entre esposos que caminaban con Dios al atardecer. Aunque el pecado desfiguró este diseño perfecto, el propósito divino nunca cambió.

**Ejemplo práctico:** Piensa en un hogar moderno que recupere esta simplicidad divina. Algo tan sencillo como caminar juntos después de la cena o tomar unos minutos para compartir cómo cada uno experimentó la presencia de Dios en su día puede invitar de nuevo la conexión que Adán y Eva disfrutaron.

**Reflexión:** Dios aún desea sentarse en nuestras mesas, escuchar nuestras risas y ser el vínculo invisible que fortalece nuestras relaciones. Permitámosle ser el arquitecto de nuestras familias.

Un Hogar Celestial: Construyendo Vínculos Eternos

**El dolor detrás de los números: Historias reales que reflejan grietas.** Las historias como la de Marta no son únicas. En hogares de todo el mundo, los hijos crecen sin el afecto necesario, esposos conviven como extraños, madres aman en soledad y padres reprimen sus emociones en gritos porque nunca aprendieron a llorar. Estas dinámicas no siempre resultan en divorcios visibles, pero sí en familias desconectadas emocionalmente.

**Ejemplo práctico:** Marta pudo haber evitado llegar al punto del divorcio si ella y su esposo hubieran reconocido las grietas a tiempo. Algo tan simple como establecer una noche mensual para conversaciones profundas o buscar orientación pastoral puede ser el punto de inflexión para reparar lo que parece irremediable.

## Reconocer las grietas como el inicio de la restauración

A menudo, las familias no necesitan una crisis pública para darse cuenta de que algo va mal; basta con hacer silencio y escuchar lo que no se dice. Ese silencio puede ser doloroso, pero también es el primer paso hacia la restauración. Las grietas no son sinónimo de derrota; son oportunidades para invitar a Dios a reconstruir.

**Ejemplo práctico:** Haz un momento de evaluación en familia, diciendo: "¿Qué podemos hacer para conectarnos mejor? ¿Cómo podemos traer a Dios de vuelta al centro de nuestras decisiones?" Estas preguntas no solo invitan a la reflexión, sino que abren la puerta al cambio.


**La familia como reflejo de la gloria de Dios**
El enemigo ataca el hogar porque sabe que allí comienza la gloria de Dios en la tierra. Cada acto de amor, cada reconciliación y cada oración en familia es un testimonio viviente de que el cielo puede manifestarse en el hogar.

**Ejemplo práctico:** ¿Qué pasaría si cada miembro de la familia hiciera un compromiso personal? "Hoy elegiré afirmar, en lugar de criticar"; "Hoy elegiré escuchar, en lugar de reaccionar." Estos pequeños gestos, al repetirse diariamente, pueden convertir un hogar fracturado en un lugar de restauración divina. Dios aún está escribiendo historias de resurrección en los hogares que deciden entregarse a Él.

## Un diseño que aún puede restaurarse

El hogar fue el primer santuario. Adán y Eva no comenzaron su existencia en un templo de piedra, sino en un jardín de amor, cuidado y comunión. El primer altar fue un abrazo. La primera oración, una conversación entre esposos que caminaban con Dios al atardecer.

Pero desde la entrada del pecado, ese diseño fue desfigurado. Y sin embargo, el propósito divino nunca cambió. Todavía Dios quiere caminar con nosotros al caer la tarde, sentarse en nuestra mesa, estar en medio de nuestros abrazos y nuestras decisiones.

"SiJehová no edificare la casa, en vano trabajan los que la edifican; si Jehová no guardare la ciudad, en vano vela la guardia." (Salmos 127:1)

Un Hogar Celestial: Construyendo Vinculos Eternos

Dios quiere volver a ser el arquitecto de nuestros hogares. Y eso comienza por reconocer las grietas.

### Las grietas ocultas que nadie ve: Algunas familias no gritan.

**Las grietas ocultas que nadie ve: Señales de un hogar que necesita sanación.** Algunas familias no gritan ni tienen conflictos evidentes. Su desconexión no es ruidosa, pero se instala silenciosamente, como una luz que parpadea hasta apagarse por completo. Estas grietas son invisibles para quienes observan desde afuera, pero profundamente significativas para quienes las experimentan. El problema no siempre es una crisis pública o un evento dramático; a veces, las fracturas más grandes son las más silenciosas. Estas son algunas señales de que un hogar necesita restauración:

### 1. Cuando la comunicación se reduce a lo mínimo indispensable.

Las palabras en el hogar se convierten en herramientas funcionales en lugar de puentes emocionales. Las conversaciones se limitan a lo necesario: "¿A qué hora regresas?" "¿Pagaste las cuentas?" La comunicación no fluye como un canal de afecto, sino como un intercambio rutinario que carece de profundidad.

**Ejemplo práctico:** Imagina a una familia donde el padre y la madre solo hablan sobre las tareas del hogar o las cuentas pendientes. Una forma de reactivar la comunicación es instaurar una "hora de conexión" semanal, donde todos compartan algo personal: un sueño, un desafío o incluso un recuerdo alegre. Esto revitaliza el diálogo y fomenta un espacio seguro para expresar emociones.

## 2. Cuando la oración familiar es un recuerdo borroso.

La oración, ese altar que une a las familias con Dios, se convierte en algo relegado al pasado. La rutina de buscar juntos la dirección divina desaparece, dejando al hogar sin una brújula espiritual. Un hogar que ya no ora unido es más vulnerable a la desconexión.

**Ejemplo práctico:** Dedica cinco minutos al día para iniciar o terminar juntos en oración. Si la familia aún no está dispuesta, comienza solo como intercesor y pídele a Dios que toque los corazones de los demás.

Una vez que la oración se retome como hábito, el hogar comenzará a recuperar su fortaleza espiritual.

### 3. Cuando las miradas ya no se encuentran, solo se esquivan.

El contacto visual, que alguna vez fue un gesto natural lleno de amor y conexión, desaparece. En su lugar, las miradas se esquivan, reflejando distancia emocional y conflictos no resueltos. Este cambio ocurre gradualmente y muchas veces pasa desapercibido hasta que el distanciamiento se vuelve profundo.

**Ejemplo práctico:** Realiza actividades familiares que requieran interacción visual, como un juego en el que cada miembro mire a otro y comparta algo que admira de él o ella. Este simple acto puede reconstruir la confianza y la cercanía entre los miembros.

### 4. Cuando los hijos prefieren la calle o la pantalla al calor del hogar.

Los niños y adolescentes buscan fuera lo que no encuentran dentro: aceptación, diversión, conexión. La casa ya no es un refugio para ellos, sino un lugar más donde se sienten ignorados o incomprendidos.

Las pantallas o los amigos de la calle se convierten en sustitutos de la atención y el afecto familiar.

**Ejemplo práctico:** Designa un "día sin tecnología" semanal para realizar actividades significativas en familia, como cocinar juntos, hacer manualidades, leer un libro en voz alta o jugar al aire libre. Este tiempo compartido les ayuda a redescubrir la riqueza de la convivencia familiar.

## 5. Cuando hay más críticas que palabras de afirmación.

El ambiente del hogar se llena de juicios y reproches, mientras que las palabras de aliento, gratitud y afirmación quedan relegadas. Esto no solo hiere a los miembros de la familia, sino que también debilita los lazos, creando un ciclo de desaprobación que es difícil de romper.

**Ejemplo práctico:** Implementa una regla familiar para cada día: por cada crítica que se haga, se deben decir al menos tres palabras de afirmación. Por ejemplo, en lugar de "Siempre llegas tarde," decir: "Agradezco que hayas venido. ¿Cómo podemos organizar mejor nuestro tiempo para la próxima?"

## 6. El peso del silencio: Escuchar lo que no se dice.

No necesitas una gran crisis para saber que algo está mal. A veces, solo necesitas hacer silencio y prestar atención. En ese silencio, surgen las verdades no dichas, los anhelos reprimidos y las heridas que han sido cubiertas con la rutina.

**Ejemplo práctico:** Haz un ejercicio de reflexión en familia. Siéntense juntos en un círculo y pídele a cada miembro que escriba en una hoja lo que sienten que falta en el hogar. Luego, compartan estas ideas sin interrumpir ni juzgar. Este acto puede ser un catalizador para conversaciones sinceras y cambios significativos.

## Reconocer las grietas como un acto de valentía

Reconocer las grietas en el hogar no es un fracaso; es el primer paso hacia la restauración. La desconexión no tiene por qué ser permanente. Dios puede reparar lo que está roto, sanar las heridas más profundas y devolver la luz donde hoy solo hay parpadeos. Al identificar estas señales y actuar con intención, cualquier hogar puede volver a ser un espacio de amor, conexión y propósito eterno.

## Las grietas ocultas que nadie ve: Señales silenciosas de desconexión familiar

En muchos hogares, las grietas no se manifiestan con discusiones abiertas ni con conflictos evidentes; son silenciosas, invisibles para los demás, pero devastadoras para quienes las viven. Es como una lámpara cuya luz se debilita con el tiempo hasta apagarse por completo. Estas grietas suelen pasar desapercibidas porque no siempre vienen acompañadas de grandes crisis, pero sus efectos son profundos y duraderos.

Aquí hay algunas señales de que un hogar necesita sanarse:

1. **Comunicación mínima:** Las conversaciones ya no son profundas ni significativas; se limitan a lo práctico y funcional. Frases como "¿A qué hora vienes?", o "¿Pagaste la cuenta?", sustituyen las conversaciones sobre sueños, emociones o reflexiones. Esto crea un vacío emocional que

lentamente desconecta a los miembros de la familia.

Ejemplo práctico: Una manera de combatir esto es implementar una "hora de conversación" semanal, donde cada miembro de la familia comparta algo personal: un sueño, un desafío o algo que los haya hecho felices durante el día. Este espacio crea un puente para recuperar la comunicación perdida.

2. **Oración familiar olvidada:** Lo que alguna vez fue un acto natural y cotidiano se convierte en un recuerdo lejano. La familia ya no ora junta ni busca la guía de Dios en sus decisiones. Sin la oración, el hogar pierde su conexión espiritual, dejándolo vulnerable al desánimo y la desconexión.

Ejemplo práctico: Comienza con algo pequeño: orar juntos durante las comidas o antes de dormir. Estas simples acciones pueden renovar el hábito espiritual en el hogar.

3. **Miradas esquivadas:** Los ojos que antes se buscaban con amor ahora se evitan. Esto no

ocurre de la noche a la mañana, sino que es el resultado de conflictos no resueltos, resentimientos acumulados o simplemente la falta de tiempo juntos. La ausencia de contacto visual es un reflejo de la desconexión emocional.

Ejemplo práctico: Una dinámica sencilla, pero poderosa, consiste en jugar juegos familiares que impliquen interacción directa, como mirarse a los ojos mientras comparten una historia o expresan algo que agradecen el uno del otro.

4. **Hijos desconectados:** Los niños y adolescentes, al no encontrar afecto o conexión en el hogar, buscan refugio en las pantallas o en la calle. Poco a poco, su corazón se distancia, y el hogar deja de ser un lugar seguro para ellos.

Ejemplo práctico: Crea un "día sin tecnología" donde toda la familia se dedique a actividades significativas juntas: cocinar, hacer manualidades, pasear al aire libre o simplemente conversar. Este tiempo dedicado puede restablecer el sentido de conexión en los hijos.

5. **Palabras de crítica superan las de afirmación:** En lugar de reconocer los esfuerzos y virtudes, los miembros de la familia se enfocan en señalar errores y defectos. Esto crea un ambiente de tensión donde la autoestima se desgasta y el amor se siente condicionado.

Ejemplo práctico: Haz un compromiso familiar para reemplazar cada crítica con tres palabras de afirmación. Por ejemplo, en lugar de decir: "Nunca haces nada bien," intenta: "Valoro mucho tu esfuerzo; sé que puedes mejorar en esto."

## El peso del silencio: Escuchar lo que no se dice

A veces, no es necesario esperar a una crisis pública para darse cuenta de que algo está mal. Solo basta con hacer silencio. En ese silencio, se escuchan las palabras no pronunciadas, los suspiros que reflejan un peso en el alma y las emociones que se han ocultado durante años.

**Ejemplo práctico:** Propón un ejercicio de "silencio reflexivo" en familia. Reúnanse en un espacio tranquilo y dediquen cinco minutos para escribir en papel cómo se sienten y qué necesitan del hogar. Después, compartan esas notas. Esta actividad puede abrir la puerta a conversaciones necesarias y ser el primer paso para sanar lo que está roto.

## Restaurando un diseño divino

Cada una de estas grietas ocultas es una oportunidad para invitar a Dios a restaurar el diseño original del hogar. Él desea ser el centro de nuestras relaciones, el punto de unión entre cada miembro de la familia. No importa cuán apagada esté la luz de tu hogar, siempre puede ser encendida de nuevo con amor, intención y fe.

Un hogar que reconoce sus grietas no está derrotado; está en el proceso de ser redimido. Abramos nuestras vidas a Dios para que, como el arquitecto celestial, pueda transformar nuestras debilidades en fortalezas y nuestras grietas en puentes de amor y comunión eterna.

Un Hogar Celestial: Construyendo Vinculos Eternos

## Una historia de resurrección

Gabriel y Mariana llevaban quince años casados. Parecían tenerlo todo: casa, auto, trabajo estable, dos hijos en colegios cristianos. Pero lo que no tenían era la paz. Dormían en habitaciones separadas. Oraban en horarios diferentes. Sus hijos lo sabían, pero nadie hablaba del tema.

Un día, su hijo menor escribió en una tarea escolar: "Mi sueño es que mis papás se vuelvan a amar." Fue como una bofetada del cielo. Mariana lloró toda la noche. Gabriel la escuchó y entró al cuarto. No hablaron mucho. Solo se tomaron de la mano y oraron juntos por primera vez en cinco años.

Hoy no son perfectos, pero han vuelto a amar. Porque cuando se invita a Dios al centro, el desierto florece.

## Una historia de resurrección: Cuando el desierto florece

Gabriel y Mariana llevaban quince años de matrimonio. En apariencia, lo tenían todo: una casa cómoda, autos, estabilidad laboral y dos hijos estudiando en colegios cristianos. Sin embargo, detrás de esa imagen de éxito y normalidad, su hogar carecía de algo esencial: paz. Dormían en habitaciones separadas, y aunque seguían orando, lo hacían en horarios diferentes, evitando compartir ese espacio sagrado de comunión. Sus hijos percibían esta desconexión, pero nadie hablaba del tema; el silencio se había convertido en la norma.

## La bofetada del cielo: Cuando las grietas salen a la luz.

Un día, su hijo menor recibió la tarea de escribir sobre su sueño más grande. Sin filtros ni adornos, escribió: *"Mi sueño es que mis papás se vuelvan a amar."* Esta sencilla, pero desgarradora declaración fue como una bofetada del cielo para Mariana. Esa noche, lloró desconsoladamente, enfrentando la realidad que por tanto tiempo había tratado de ignorar. En medio de su llanto, Gabriel, quien escuchaba desde la distancia, decidió entrar al cuarto. No hablaron mucho, pero, en un acto simbólico y poderoso, se tomaron de la mano y

Un Hogar Celestial: Construyendo Vinculos Eternos

oraron juntos por primera vez en cinco años. A partir de ese momento, algo comenzó a cambiar.

**Ejemplo reflexivo:** Piensa en cuántos hogares viven historias similares donde las grietas permanecen ocultas hasta que alguien —un hijo, un padre, un amigo— pone luz sobre ellas. A veces, es un comentario inesperado, un gesto sincero, o incluso un sueño compartido, lo que desata el proceso de restauración.

### La transformación: Invitando a Dios al centro

Hoy, Gabriel y Mariana no son perfectos; todavía enfrentan desafíos, pero han aprendido a caminar juntos nuevamente. La paz que tanto anhelaban no vino como resultado de resolver todos sus problemas de inmediato, sino de invitar a Dios al centro de sus vidas y su hogar. Ese acto de humildad y fe permitió que su desierto emocional comenzara a florecer.

**Ejemplo práctico:** Gabriel y Mariana ahora dedican un día a la semana para orar juntos como pareja. Cada noche antes de dormir, comparten un versículo y una breve reflexión sobre cómo aplicarlo en su familia. Estos gestos no requieren mucho tiempo, pero tienen un impacto profundo en su conexión emocional y espiritual.

## Lecciones para otros hogares: El poder de pequeños gestos

Esta historia no solo es una inspiración para quienes enfrentan matrimonios fracturados; también es un recordatorio de que la restauración comienza con pasos pequeños pero significativos. Tomarse de la mano, compartir una oración, o simplemente reconocer que hay grietas, puede cambiar la dinámica de un hogar.

**Ejemplo práctico:** Para quienes sienten desconexión en su matrimonio, un buen punto de partida puede ser escribir una lista de tres cosas que admiran del otro. Luego, compartirla en un ambiente tranquilo, acompañado de una oración. Este acto de afirmación puede ser el inicio de una comunicación más honesta y amorosa.

## Cuando se invita a Dios, el desierto florece

La historia de Gabriel y Mariana es un testimonio del poder de la fe y la humildad. Incluso en los momentos más oscuros, cuando la separación parece inevitable, el acto de invitar a Dios al centro puede transformar corazones y relaciones. Dios no requiere perfección; Él busca disposición y entrega, y es en ese espacio donde obra milagros.

**Reflexión final:** Cuando las familias reconocen sus heridas y permiten que Dios sea el sanador, las grietas se convierten en puntos de restauración, y el hogar, en un reflejo de su gloria.

## Cinco pasos para restaurar lo que parece perdido: Un camino hacia la sanación

La restauración de un hogar no es un proceso instantáneo, pero con fe, intención y acciones concretas, lo que parece perdido puede recuperar vida. Cada paso es un peldaño hacia un hogar renovado y lleno de propósito. Aquí los desglosamos en profundidad:

Un Hogar Celestial: Construyendo Vinculos Eternos

**1. Reconocer sin culpa:** Aceptando la crisis como punto de partida.

Aceptar que hay una crisis no es una señal de fracaso, sino un acto de valentía. Reconocer las grietas en el hogar sin culparse ni culpar a otros es fundamental para empezar el camino hacia la sanación. Esta actitud no busca definir culpables, sino encontrar soluciones.

**Ejemplo reflexivo:** Piensa en una familia que enfrenta tensiones constantes entre padres e hijos. Al reconocer que existe un problema, abre la puerta para dialogar. Un padre puede decir: "Sé que hemos estado distantes últimamente. Quiero encontrar una forma de reconectar contigo." Este pequeño acto de humildad y sinceridad puede desarmar la tensión inicial.

**2. Detenerse y observar:** Redescubriendo el hogar con intención.

En un mundo lleno de distracciones, detenerse para observar es un acto de reconexión. Haz un "retiro espiritual" dentro de tu propio hogar. Apaga las pantallas, deja las tareas pendientes y dedica un tiempo exclusivo a observar. Mírate a ti mismo. Míralos a ellos. Escucha lo que no se dice, los gestos, las miradas.

**Ejemplo práctico:** Dedica una tarde para sentarte en el centro del hogar con tu familia en silencio. Haz preguntas como: "¿Cómo se siente nuestro hogar últimamente?", o "¿Qué podemos hacer para estar más unidos?" Este ejercicio revela dinámicas ocultas y abre espacio para el diálogo profundo.

**3. Restaurar el altar:** Recuperando la fortaleza espiritual.

No hay familia fuerte, sin oración. Incluso si eres el único que comienza, tu intercesión puede ser el punto de partida para la restauración del hogar. En la Biblia, vemos cómo Dios responde cuando un corazón se humilla y clama por dirección. La restauración del altar no solo es un acto espiritual, es un símbolo de que el hogar vuelve a poner a Dios en el centro.

**Ejemplo práctico:** Haz un compromiso de orar cada noche en familia, aunque solo sea por cinco minutos. Pueden comenzar con algo sencillo, como dar gracias por tres bendiciones del día o leer un versículo bíblico juntos. Con el tiempo, este acto puede transformar el ambiente espiritual del hogar.

**4. Buscar ayuda espiritual y profesional:** Caminos nuevos a través de guía y sabiduría.

A veces, la solución no está únicamente en nuestras manos. Buscar ayuda no es señal de debilidad, sino de sabiduría. Dios puede usar a pastores, terapeutas, libros, o incluso una conversación con alguien sabio para abrir nuevas perspectivas y oportunidades de cambio.

**Ejemplo práctico:** Una pareja que enfrenta dificultades matrimoniales podría asistir a sesiones de consejería pastoral o familiar. Mientras tanto, los hijos pueden encontrar apoyo en un mentor confiable. La combinación de orientación espiritual y profesional actúa como una brújula para restaurar lo que parece perdido.

**5. Perdonar para vivir:** Sanando a través del perdón

El perdón no es olvidar, sino renunciar al derecho de seguir sangrando por una herida. Es un acto liberador, tanto para quien lo da como para quien lo recibe. Jesús nos enseñó a perdonar no solo como un acto de compasión, sino como una puerta hacia la verdadera libertad.

**Ejemplo reflexivo:** Imagina a un padre que ha sido distante con su hijo. Un simple: "Lo siento por no estar ahí como debí haber estado. Quiero hacerlo mejor" puede convertirse en un punto de inflexión. El perdón reconstruye puentes donde solo había ruinas.

## Un paso a la vez hacia la restauración

Cada uno de estos cinco pasos no solo aborda la parte visible del problema, sino que profundiza en las raíces de la desconexión familiar. Reconocer, observar, orar, buscar ayuda y perdonar son actos cotidianos que, con el tiempo, pueden transformar lo que parece perdido en una historia de resurrección y esperanza.

Dios siempre está dispuesto a restaurar los hogares que se abren a Su guía. Solo necesita un corazón dispuesto a dar el primer paso.

## Herramientas prácticas para restaurar el hogar: Cultivando amor, unidad y propósito

Estas herramientas están diseñadas para ayudarte a reavivar los vínculos familiares, sanar heridas y traer a Dios al centro del hogar. Cada una ofrece pasos simples, pero transformadores que, cuando se practican con intención, pueden convertir tu hogar en un espacio de amor y propósito eterno.

### Diagnóstico del hogar: Escuchar y entender los corazones en casa

El "Diagnóstico del hogar" es una herramienta para detenernos y analizar cómo se siente cada miembro de la familia en el espacio que comparten. Hacer preguntas como: "¿Me siento escuchado?" "¿Siento que soy amado aquí?" y "¿Qué cambiaría?", permite que cada voz sea escuchada sin juicios, revelando áreas que necesitan atención.

**Ejemplo práctico:** Una tarde tranquila, reúne a tu familia en círculo. Cada miembro escribe sus respuestas en hojas de papel que luego se leen en voz alta. Esto no solo ayudará a identificar grietas, sino que también fomentará empatía. Por ejemplo, si un hijo dice: "Siento que nadie me escucha cuando hablo," eso puede abrir la puerta a conversaciones y compromisos de cambio.

**Reflexión:** Las respuestas no son críticas, sino oportunidades para mejorar juntos. Este acto muestra a cada miembro de la familia que sus sentimientos importan.

### 📖 Diario de restauración: Clamando al cielo a través de la oración diaria

La oración constante es una poderosa herramienta de restauración. Escribir una oración diaria por tu hogar, tus hijos, tu matrimonio o tus propias luchas te permite crear un espacio de comunicación con Dios y de reflexión personal. Con el tiempo, notarás cómo tu clamor toca el cielo y transforma corazones.

**Ejemplo práctico:** Dedica cinco minutos cada mañana o noche para escribir una oración en un cuaderno especial. Puedes incluir gratitud, peticiones y palabras de fe. Por ejemplo: "Señor, guía mi hogar hacia la unidad, enséñanos a perdonarnos y ser reflejo de Tu amor." Al final del mes, repasa tus oraciones y observa las respuestas que Dios ha comenzado a manifestar.

**Reflexión:** Este diario no solo es un registro de tu camino espiritual, sino un testimonio de cómo Dios obra en el tiempo perfecto.

## 🌱 Círculo de gratitud: Cultivando el amor con palabras

El amor no se exige; se cultiva a través de actos y palabras que nutren. El Círculo de gratitud es un ritual donde, cada viernes durante la cena, cada miembro dice algo que agradece de los demás. Este ejercicio crea un ambiente de afirmación y aprecio mutuo.

**Ejemplo práctico:** Antes de servir la comida, invita a cada miembro de la familia a compartir algo positivo. Por ejemplo, un padre podría decir: "Agradezco a mamá por siempre prepararnos cenas deliciosas, incluso cuando está cansada." Un hijo podría añadir: "Gracias a papá por enseñarme a resolver el problema de matemáticas esta semana."

Un Hogar Celestial: Construyendo Vinculos Eternos

Estas palabras construyen un entorno donde el amor y el respeto florecen.

**Reflexión:** La gratitud transforma corazones y fortalece lazos, convirtiendo lo cotidiano en extraordinario.

## Día del perdón: Sanando a través de la reconciliación

El Día del perdón es un espacio dedicado a liberar cargas emocionales y sanar relaciones. Escoge un día del mes para que cada miembro escriba cartas (pueden ser simbólicas) perdonando y pidiendo perdón. Luego, como familia, oren juntos para entregar estas heridas a Dios.

**Ejemplo práctico:** Prepara un ambiente tranquilo con música suave y velas encendidas. Cada miembro escribe su carta en silencio. Un ejemplo podría ser: "Perdono a mi hermano por no haberme apoyado cuando lo necesité, y pido perdón por haber reaccionado con enojo." Una vez terminadas, guárdenlas en un lugar especial o quémalas simbólicamente como un acto de liberar el pasado.

Un Hogar Celestial: Construyendo Vinculos Eternos

**Reflexión:** El perdón no solo sana relaciones, sino que también libera corazones de cargas innecesarias, permitiendo que la paz divina llene el hogar.

## Pasos prácticos hacia la restauración del hogar

Estas herramientas prácticas no solo son actos simbólicos; son formas tangibles de sembrar amor, gratitud, y reconciliación en el hogar. Con fe e intención, cada familia puede experimentar cómo estos pequeños gestos transforman su ambiente en uno lleno de paz y propósito eterno.

Una promesa para tu hogar: Restaurando lo que parecía perdido

"Os restituiré los años que comió la oruga, el saltón, el revoltón y la langosta, mi gran ejército que envié contra vosotros." (Joel 2:25)

¡Qué esperanza tan profunda encierra esta promesa! Dios no solo tiene el poder para sanar lo que está sucediendo en el presente, sino que también puede redimir lo que el pasado ha destruido. Los años consumidos por el dolor, la separación o la indiferencia no son desperdicio en Sus manos. Lo que el enemigo arrasó, el Creador puede reconstruir con una gloria aún mayor. No importa cuán devastada esté la tierra de tu hogar, Dios tiene la capacidad de restaurarla y hacerla florecer nuevamente.

**Ejemplo reflexivo:** Una familia que atravesó un divorcio puede pensar que su historia ha llegado a un final trágico. Sin embargo, al invitar a Dios a ser parte de sus vidas, el amor perdido puede ser redimido a través de nuevas conexiones, sanación emocional y la construcción de relaciones que reflejan Su gracia.

## Jesús en la puerta: La invitación al milagro

La promesa no termina en el pasado redimido; Dios también quiere transformar tu presente. Si hoy tu hogar se siente como un campo de batalla donde las relaciones están rotas o una sala vacía donde reina la soledad, no tienes por qué resignarte. Jesús estaba a la puerta, tocando. No está llamando a la iglesia ni a las instituciones. Está llamando específicamente a tu hogar.

**Ejemplo práctico:** Imagina una familia que se reúne después de años de alejamiento. Una madre solitaria, un padre distanciado, hijos que apenas se hablan. A través de una oración conjunta y la humildad de abrirse al cambio, ese hogar puede transformarse en un espacio donde la gracia y el amor divino sean palpables. La clave está en escuchar ese toque y responder con fe.

**"Yo salvaré a tus hijos"** (Isaías 49:25) es una promesa personal y poderosa. No importa cuán lejos parezcan estar tus hijos —emocional o espiritualmente—Dios—, Dios asegura que Su mano puede alcanzarlos. Escribe esta promesa, ora con ella y repítela con fe como un recordatorio constante de que la batalla por tu hogar no está perdida.

## Comienza el proceso: Construyendo un cielo en tu hogar

La restauración de un hogar no ocurre de la noche a la mañana. Es un viaje que requiere paciencia, intención y amor constante. Cada pequeño paso que tomes será una semilla que eventualmente dará frutos eternos. Aquí están los pilares fundamentales para iniciar este proceso:

**1. Reconocer la necesidad de cambio: Un acto de humildad y esperanza**

El primer paso para transformar un hogar es reconocer que algo necesita cambiar. Esto no es un signo de fracaso, sino de valentía. No se trata de buscar culpables ni señalar errores, sino de rendir tu hogar a Dios, permitiéndole trabajar en cada miembro de la familia y en las dinámicas que necesitan ser renovadas.

**Ejemplo práctico:** Reúne a tu familia en una conversación honesta y dile: "Siento que hemos estado desconectados. ¿Qué podemos hacer juntos para estar más unidos?" Este momento de reflexión abre las puertas para que cada miembro comparta sus pensamientos y sentimientos, iniciando el proceso de restauración.

## 2. Reunir a tu familia en oración: El altar que une corazones

La oración es la base para restaurar cualquier hogar. Aunque solo seas tú al principio, conviértete en un intercesor que ora fervientemente por la transformación de tu familia. La oración constante invita a Dios a ser el centro del hogar y actúa como un pegamento espiritual que une corazones.

**Ejemplo práctico:** Dedica cinco minutos diarios para orar por tu hogar. Puedes comenzar solo, diciendo: "Señor, transforma este hogar en un reflejo de tu amor." Bendice a cada miembro y guíanos hacia la unidad." Cuando otros se sumen, incorpora momentos de oración grupal antes de las comidas o antes de dormir. Este hábito, aunque sencillo, puede transformar el ambiente emocional y espiritual de la familia.

## 3. Hablar palabras de vida: Sembrar afirmación en lugar de crítica

Las palabras que usamos tienen un impacto directo en las relaciones. Cambia las críticas y el juicio por afirmaciones, gratitud y esperanza. Cada palabra positiva que compartes es una semilla que puede florecer en amor y confianza mutua. Un hogar donde las palabras de vida son el fundamento es un hogar que respira paz.

**Ejemplo práctico:** Haz un compromiso de practicar la afirmación diaria. Por ejemplo, en lugar de decir: "Nunca haces las cosas bien," intenta decir: "Aprecio que te esfuerces, y sé que puedes lograrlo." Estas pequeñas modificaciones pueden cambiar el tono de las interacciones y fortalecer los vínculos familiares.

**4. Perseverar en el proceso: La constancia que da frutos eternos**

Habrá días difíciles donde parecerá que las cosas no avanzan, pero cada lágrima derramada, cada acto de amor y cada oración es parte de la construcción de un cielo en tu hogar. La restauración requiere perseverancia, y aunque los resultados no sean inmediatos, el proceso mismo es valioso.

**Ejemplo práctico:** Crea un diario de restauración donde registres cada pequeño avance en tu hogar. Escribe como Dios ha respondido a tus oraciones o cómo las interacciones familiares han cambiado. Este registro no solo te motivará, sino que también servirá como un testimonio vivo de la transformación que está ocurriendo.

## Un camino hacia la restauración

La construcción de un cielo en tu hogar comienza con pasos pequeños, pero esos pasos tienen el poder de transformar completamente el ambiente familiar. Reconocer la necesidad de cambio, orar fervientemente, hablar palabras de vida y perseverar son herramientas prácticas que te ayudarán a crear un hogar lleno de amor, propósito y fe. No importa cuán rotos puedan parecer los vínculos, Dios tiene el poder de restaurarlos y convertir tu hogar en un espacio donde su gloria brille.

**Ejemplo práctico:** Una familia puede dedicar un día a la semana como un "día de restauración", donde

Un Hogar Celestial: Construyendo Vinculos Eternos

leen juntos una promesa bíblica y comparten cómo pueden aplicarla en su vida diaria. Este tiempo conjunto se convierte en un pilar para fortalecer los lazos familiares.

## Una promesa viva para tu hogar

La promesa de Dios no es una idea abstracta; es una realidad viva que puede manifestarse en tu hogar si decides creer y actuar. Aunque hoy puedas sentir que las ruinas son demasiado grandes, recuerda que Dios especializa en la reconstrucción de lo imposible. Aún hay una mesa para ti y tu familia en el cielo, y Dios quiere comenzar a prepararla desde tu casa.

Jesús está tocando a la puerta de tu hogar, no como un juez, sino como un restaurador que trae consigo la paz, el amor y la esperanza. Invítalo a entrar, confía en su promesa y comienza hoy mismo el proceso de redimir lo que parecía perdido. Con lágrimas, amor y oración, puedes levantar un cielo en tu hogar.

# Un Hogar Celestial: Construyendo Vínculos Eternos

## Capítulo 3: El Poder Transformador del Tiempo
**Sembrando Eternidad en los Minutos del presente**

### La medida del amor: Dedicando tiempo a lo eterno

"Dime en qué gastas tu tiempo y te diré a quién amas." Esta frase resonaba como un eco en mi niñez, pero no fue hasta años después, tras escuchar historias de madres solas, hijos heridos y esposos distantes, que entendí su profundidad. Hoy sé que el tiempo no solo se gasta; se invierte o se pierde, y lo más sagrado no son las cosas que poseemos, sino a quienes decidimos regalarles esos minutos preciosos.

En este capítulo, quiero invitarte a ver el tiempo con ojos del cielo. Si deseas construir vínculos eternos, debes sembrar **presencia real** en el terreno de los minutos diarios. Es en esos pequeños actos de dedicación donde se construyen los lazos que trascienden.

Un Hogar Celestial: Construyendo Vinculos Eternos

## Tiempo: La medida del amor

Recuerdo la historia de Raúl, un hombre exitoso que llegó a mi consulta. Tenía todo lo que muchos considerarían necesario para ser feliz: estabilidad financiera, logros profesionales y reconocimiento social. Pero en el fondo, era un hombre quebrantado. Lloró como un niño, no porque le faltara algo material, sino porque le sobraban ausencias. Sus palabras todavía me estremecen:

"Trabajé para que a mi familia no le faltara nada... pero les falté yo."

Raúl había gastado su tiempo en cosas buenas, pero se dio cuenta demasiado tarde de que había descuidado lo más importante: **su presencia en el hogar**. En su intento por proveer, olvidó que el amor no se mide por los bienes que entregamos, sino por el tiempo que dedicamos.

**Ejemplo reflexivo:** Imagina a un padre que llega a casa después de un largo día de trabajo y, en lugar de sentarse frente a la televisión, dedica 15 minutos a jugar con sus hijos o escuchar cómo fue su día. Ese gesto, aunque sencillo, puede transformar la dinámica familiar y dejar una huella imborrable en sus corazones.

## El abandono involuntario: Cuando el tiempo se pierde sin querer.

Muchos hogares no se derrumban por odio o conflictos abiertos, sino por un **abandono involuntario**, por no entender que el amor se deletrea con tiempo. Sin encuentros diarios, los vínculos se debilitan y, eventualmente, se rompen. Dios no nos pidió construir castillos para impresionar al mundo, sino **altares familiares** que reflejen Su presencia. Y los altares no se levantan con prisas, sino con pausa, ternura y dedicación.

**Reflexión espiritual:** Elena G. White expresó con sabiduría: "No hay influencia más poderosa que la de un hogar bien ordenado y bien dirigido." (*El Hogar Cristiano*, p. 33). Pero un hogar bien ordenado no se limita a la limpieza física; es un espacio donde el tiempo se entrega como una ofrenda viva, y donde cada acto está guiado por el amor.

Un Hogar Celestial: Construyendo Vinculos Eternos

**Ejemplo práctico:** Dedica un día a la semana como el "día del altar familiar". Apaga los teléfonos, prepara una comida especial y dedica tiempo a orar, conversar y disfrutar juntos sin distracciones. Este tiempo de calidad fortalece los vínculos y recalibra el propósito del hogar.

## La siembra de tiempo: Cultivando vínculos eternos.

Para construir vínculos que trasciendan, debemos sembrar tiempo intencional. Esto significa estar presentes de verdad, no solo físicamente, sino emocional y espiritualmente. Cada minuto que dedicamos a nuestra familia es como una semilla que, con amor y cuidado, germinará en relaciones fuertes y significativas.

**Ejemplo reflexivo:** Una madre puede dedicar 20 minutos cada noche para leer un cuento a sus hijos antes de dormir. Aunque el acto parezca pequeño, es en esos momentos compartidos donde los niños se sienten amados y escuchados. Estos encuentros diarios construyen recuerdos que se convierten en un legado eterno.

### Redimiendo el tiempo, honrando el amor

El tiempo es la medida más real del amor. No lo que decimos, sino lo que hacemos y cómo elegimos gastar nuestros minutos, revela lo que valoramos verdaderamente. Si hoy sientes que has perdido tiempo en tu hogar, no te desanimes. Dios es especialista en redimir años que parecían perdidos.

Dediquemos tiempo a construir altares familiares, a escuchar, a amar sin prisas. Porque, al final, un hogar bien ordenado no es el que impresiona a los ojos del mundo, sino el que entrega cada segundo como una ofrenda viva de amor.

**Reflexión final:** ¿Qué puedes hacer hoy para sembrar más tiempo en tu hogar? Incluso un pequeño cambio en la rutina puede marcar la diferencia. Cada momento invertido en amor es un tesoro que ni el tiempo ni las circunstancias podrán borrar.

## El modelo divino del tiempo compartido

Desde el principio, Dios no solo creó la vida, sino también creó **el ritmo del tiempo**. Seis días de obra... y uno para encontrarse con nosotros.

"Y acabó Dios en el día séptimo la obra que hizo; y reposó el día séptimo de toda la obra que hizo." (Génesis 2:2)

Dios, que no se cansa, apartó un día para mostrar que **lo más importante no es producir, sino compartir.**

Jesús también vivió con este principio. En medio de sanidades y multitudes, Él se detenía. Iba a la casa de Lázaro, se sentaba con los discípulos, caminaba junto al mar, conversaba largo con los suyos. Nunca estaba demasiado ocupado para amar.

## ¿Dónde se va nuestro tiempo?: Una mirada honesta a nuestras prioridades

Es común escuchar la frase: "*¡No tengo tiempo!*" Pero, ¿es eso realmente cierto? A menudo, la falta de tiempo no es más que una percepción que oculta una verdad más profunda: no es una cuestión de cantidad, sino de prioridades. Nuestro tiempo es nuestro recurso más valioso, y la forma en que lo usamos revela las prioridades y valores de nuestro corazón. Como dice la Escritura: "Porque donde esté vuestro tesoro, allí estará también vuestro corazón. (Matthew 6:21).

Si quieres saber en qué estás invirtiendo tu amor y propósito, comienza observando cómo distribuyes tu tiempo. Te invito a hacer este ejercicio:

### Haz un mapa semanal de tus horas: Un diagnóstico de tu tiempo.

Reflexiona con sinceridad y responde:

- ¿Cuántas horas dedicas al trabajo?
- ¿Cuántas horas pasas en redes sociales?
- ¿Cuánto tiempo pasas con el celular en la mano?
- ¿Y cuántas horas dedicas a tu cónyuge o hijos, prestándoles tu atención plena?

**Ejemplo práctico:** Toma un cuaderno y dibuja un horario semanal. Asigna un color para cada actividad: trabajo, ocio en redes sociales, uso del celular, tiempo en familia, etc. Al final de la semana, observa cómo se distribuyeron tus horas. Es probable que descubras que mucho tiempo se pierde en actividades que no aportan valor eterno, mientras las relaciones más importantes quedan relegadas.

## El problema no es el tiempo, es la prioridad

Este ejercicio revela una verdad esencial: no es que no tengas tiempo; es que tus prioridades están definiendo cómo lo usas. Si dedicas más horas a tu celular que a tu familia, ese es un reflejo de lo que, en la práctica, ocupa el primer lugar en tu vida. No importa cuán buena sea tu intención si no está respaldada por acciones concretas.

**Ejemplo reflexivo:** Imagina un padre que pasa más de tres horas al día en el celular, pero solo dedica unos minutos a hablar con sus hijos. Reorganizar esas prioridades puede marcar una diferencia monumental. Decidir apagar el celular durante la cena y conversar en familia puede transformar una rutina en un momento significativo de conexión.

## Tu tiempo es tu tesoro: ¿A quién se lo entregas?

Jesús nos enseñó que donde está nuestro tesoro, allí estará también nuestro corazón. El tiempo es uno de nuestros tesoros más preciosos, y entregarlo a los demás es una forma tangible de demostrar amor. No es necesario hacer grandes sacrificios; dedicar momentos pequeños, pero significativos puede cambiar la dinámica de un hogar.

**Ejemplo práctico:** Haz un compromiso diario de desconectarse de las pantallas durante 30 minutos y dedicar ese tiempo exclusivamente a tus hijos o a tu cónyuge. Puedes usarlo para jugar, leer juntos, o simplemente conversar. Este gesto no solo fortalece los lazos familiares, sino que también envía un mensaje poderoso: "Eres más importante que cualquier otra cosa."

**Construyendo vínculos eternos a través del tiempo: La inversión que transforma vidas**

El tiempo que dedicamos a quienes amamos no es solo un recurso; es una semilla que, cuando se siembra con intención, da frutos eternos. Cada hora y cada minuto que entregamos con atención plena se convierte en un acto de amor que trasciende el presente. Redirigir tu tiempo hacia lo que realmente importa no solo transforma tus relaciones familiares, sino que también fortalece tu propósito espiritual, creando lazos que reflejan la gracia divina.

### La siembra del tiempo: Gestos pequeños, frutos eternos

Construir vínculos eternos no requiere cambios drásticos de un día para otro; se logra con pequeños ajustes que, acumulados, generan una transformación significativa. La clave está en la consistencia y en la intención detrás de cada acto.

**Ejemplo práctico:**

- Levántate 15 minutos más temprano para orar con tu familia antes de que comience el día. Este tiempo no solo conecta espiritualmente a la familia, sino que también fortalece la relación entre sus miembros.

- Reserva los viernes como la "noche familiar", donde se desconecten de las pantallas para cenar juntos, jugar juegos de mesa o simplemente conversar. Estos momentos fortalecen los lazos emocionales y crean recuerdos duraderos.

- En tu pausa en el trabajo, envía un mensaje de gratitud a un ser querido. Algo tan sencillo como: "Gracias por tu paciencia conmigo ayer, significó mucho para mí," Puede cambiar el tono de una relación y reflejar el amor intencional.

Estos pequeños gestos sembrados diariamente tienen el poder de construir un cielo en tu hogar, donde el amor y la conexión se cultivan con dedicación.

## Prioriza lo que importa: El tiempo como un reflejo del corazón

A menudo decimos: "No tengo tiempo," pero en realidad, el problema no es la falta de horas, sino cómo elegimos usarlas. El tiempo no se puede recuperar, pero sí se puede redirigir. Si sientes que gran parte de tus días se han dedicado a lo urgente y has dejado de lado lo importante, hoy es el momento perfecto para hacer ajustes que reflejen tus verdaderos valores.

**Ejemplo reflexivo:** Imagina que al final de cada semana revisas cómo has usado tu tiempo. ¿Cuántas horas dedicaste a las redes sociales o al trabajo? ¿Y cuántas a estar plenamente presente con tu familia? Si el balance no refleja tus prioridades, haz pequeños cambios para corregirlo. Por ejemplo, en lugar de ver televisión después del trabajo, dedica ese tiempo a jugar con tus hijos o tener una conversación significativa con tu cónyuge.

### Transformación: Tiempo como acto de amor

Al entregar tu tiempo a quienes amas, estás construyendo puentes de amor que trascenderán las prisas de la vida diaria. Cada momento dedicado a tus seres queridos es una inversión eterna, un reflejo tangible del amor que Dios nos enseña. Priorizar a tu familia y redirigir tu tiempo hacia ellos no solo transforma el hogar; también alinea tu propósito con el diseño divino.

### Haz una pausa y pregúntate:

- ¿Cómo puedo usar mi tiempo para honrar a Dios?

- ¿Cómo puedo mostrarles a mi familia que son mi prioridad?

Responder estas preguntas puede ser el inicio de una profunda transformación en tu rutina, tu hogar y tu corazón.

## Una vida enfocada en lo eterno

El tiempo que tienes es un regalo que no puedes recuperar, pero sí puedes redirigir hacia lo que realmente importa. Con pequeños ajustes diarios, puedes transformar tus relaciones, tu propósito y tu hogar, construyendo vínculos que reflejen el amor eterno de Dios. Recuerda que, al entregar tu tiempo como una ofrenda viva, estás sembrando semillas que florecerán en los corazones de quienes más amas.

## La tragedia de la ausencia sin salida: El impacto de la desconexión

Samuel tenía apenas 10 años cuando escribió una carta secreta a Dios. En ella, plasmó su deseo más profundo: *"Quisiera que mi papá fuera como los de las películas. Que me mirara cuando hablo. Que jugara conmigo."* Su padre, sumergido en largas jornadas de trabajo, encontró accidentalmente esa carta. Al leerla, las palabras de su hijo quebraron su corazón. Con lágrimas en los ojos, me confesó: *"He estado tan ocupado construyendo el futuro que estoy perdiendo el presente... y a mi hijo."*

Esta revelación fue el punto de inflexión en su vida. Decidió hacer cambios concretos para reparar la relación con su hijo: comenzó a llegar temprano una vez por semana, luego dos. Apagó el celular durante las cenas y dedicó tiempo exclusivo para escuchar y jugar con Samuel. Con el tiempo, se convirtió en el padre que su hijo siempre había soñado. Un día, Samuel escribió otra carta, esta vez en voz alta: *"Gracias, Dios." Me devolviste a mi papá."*

## El tiempo transforma cuando se hace presencia

No necesitas horas perfectas ni escenarios ideales para transformar tus relaciones. Lo que necesitas son **momentos sagrados**, aquellos instantes en los que tus hijos, tu cónyuge o tus padres sepan que estás presente plenamente y que no cambiarías ese momento por nada. En esos momentos, el amor se convierte en una ofrenda tangible y transformadora.

**Ejemplo práctico:** Imagina a un padre que reserva 30 minutos cada día para jugar con sus hijos después del trabajo. Aunque pueda parecer un gesto pequeño, para los niños, ese tiempo se traduce en atención plena, validación emocional y un vínculo que crece más fuerte con cada encuentro.

## El impacto del tiempo en los niños y adolescentes

Los estudios confirman lo que la Biblia ya enseñaba: dedicar tiempo significativo a los hijos tiene beneficios profundos. Los niños y adolescentes que disfrutan de momentos regulares con sus padres desarrollan mayor autoestima, menor tendencia a las adicciones y relaciones más saludables. Este tiempo no necesita ser elaborado ni costoso; lo más importante es la intención y la calidad de la presencia.

**Ejemplo práctico:** Una madre que dedica los fines de semana a explorar un nuevo pasatiempo con su hijo, como pintar o aprender a cocinar, fomenta no solo habilidades, sino también un espacio seguro para conversar y fortalecer el vínculo emocional.

## El tiempo con el cónyuge: Alimento diario para el amor

El amor entre parejas tampoco es inmune a la desconexión. Muchas relaciones se debilitan porque los cónyuges creen que el amor se sostiene solo, sin necesidad de atención continua. Sin embargo, como cualquier jardín, el amor necesita ser cultivado con pequeños gestos diarios, no únicamente con fechas especiales.

**Ejemplo práctico:** Una pareja puede establecer un ritual diario, como tomar una taza de té juntos antes de dormir, donde se compartan pensamientos sobre el día y agradezcan por los momentos vividos. Este simple acto fortalece la comunicación y reafirma el compromiso mutuo.

## Transformación a través de la presencia

Un Hogar Celestial: Construyendo Vínculos Eternos

La historia de Samuel y su padre nos recuerda que nunca es tarde para redirigir nuestro tiempo hacia lo que verdaderamente importa. Al construir momentos sagrados y dedicar tiempo significativo, estamos sembrando amor y conexión que transformarán no solo nuestras relaciones, sino también el legado que dejamos.

Haz una pausa hoy y pregúntate: **¿Qué cambios puedo hacer para estar más presente con quienes amo?** Recuerda que el tiempo que entregas con intención nunca es en vano; es una inversión eterna en los corazones de quienes te rodean.

## Herramientas para transformar el hogar: Convirtiendo el tiempo en amor intencional

El tiempo, más que un recurso, es una expresión de amor. Estas herramientas prácticas están diseñadas para ayudarte a construir vínculos eternos con tus seres queridos, haciendo que cada momento compartido sea significativo y transformador.

Un Hogar Celestial: Construyendo Vinculos Eternos

## Citas con propósito: Revive la conexión en pareja

Haz de tu relación un espacio prioritario al dedicar un momento exclusivo a tu pareja cada semana. Estas citas no necesitan ser elaboradas; lo importante es que sean intencionales, como cuando eran novios. Una caminata tranquila, una cena sencilla en casa o una conversación sin interrupciones tecnológicas pueden reavivar la cercanía emocional.

**Ejemplo práctico:** Imagina que, cada viernes por la noche, apagas el televisor y preparas una cena especial para compartir con tu pareja. Podrían hablar de sus sueños, recordar momentos especiales o simplemente disfrutar del silencio juntos. Este tiempo dedicado fomenta un amor renovado y alimenta la conexión diaria.

## El diario del alma familiar: Valorando lo significativo

Este diario es una práctica semanal donde cada miembro escribe una cosa que valoró durante la semana. El sábado por la noche, cada uno comparte lo que escribió, creando un espacio de gratitud y reflexión familiar.

**Ejemplo práctico:** Proporciona un cuaderno especial para que cada miembro de la familia anote sus reflexiones. Por ejemplo, un hijo puede escribir: "Valoro que mamá me ayudó con mi tarea de matemáticas," y un padre puede compartir: "Valoro la paciencia de mi esposa esta semana." Este ejercicio no solo fortalece los lazos, sino que también crea un ambiente de afirmación y amor.

## 📖 Rutinas sagradas: Rituales pequeños, impacto profundo

Los pequeños rituales son el corazón del hogar. Orar juntos al despertar, leer un salmo antes de dormir o compartir un desayuno familiar especial, los domingos son gestos simples que fortalecen las relaciones y el vínculo espiritual.

**Ejemplo práctico:** Antes de comenzar el día, reúne a tu familia para una breve oración. Podría ser algo tan simple como: "Señor, bendice nuestro día y nuestras decisiones." O, los domingos, prepara un desayuno especial donde todos participen en la cocina, creando no solo una comida, sino un recuerdo compartido.

### 🄳 La hora sagrada sin pantallas: Conexión real, no digital

Una vez al día, apaga todos los dispositivos electrónicos. Este tiempo está dedicado exclusivamente a conectarse como familia sin interrupciones tecnológicas.

**Ejemplo práctico:** Cada noche después de la cena, coloca los teléfonos en una caja o en un lugar apartado y usen ese tiempo para jugar, conversar o simplemente estar presentes unos con otros. Este acto intencional de desconexión digital promueve la conexión emocional.

### 🌎 Mini escapadas: Memorias que no necesitan gran inversión

No necesitas grandes presupuestos para crear recuerdos inolvidables. A veces, una tarde en el parque, un helado juntos o mirar las estrellas puede ser más significativo que una semana en un hotel. Lo importante es la atención plena durante esos momentos.

**Ejemplo práctico:** Sorprende a tu familia un sábado por la tarde con una visita al parque más cercano. Lleva una pelota, algunos bocadillos y dedica tiempo para disfrutar del aire libre juntos. Estos gestos espontáneos crean memorias duraderas y refuerzan el sentido de unidad.

## Jesús y el tiempo como expresión de amor: Siguiendo su ejemplo

Jesús no predicaba corriendo. Él caminaba con los suyos, comía con ellos, les hacía preguntas y les permitía sentirse parte de su vida. Su ejemplo nos enseña que el tiempo dedicado a los demás es una forma de amor que transforma. Como dice Lucas 16:10: "Elque es fiel en lo muy poco, también en lo más es fiel; y el que en lo muy poco es injusto, también en lo más es injusto." Ser fiel en los pequeños momentos, como cinco minutos de atención plena, puede marcar la diferencia para toda una vida.

## Redimiendo el tiempo, construyendo el cielo

Aunque tu hogar hoy pueda parecer agitado, fragmentado o indiferente, aún puedes cambiar el destino de tu familia. Todo comienza con algo tan sencillo y poderoso como regalarles tu tiempo. Recuerda, el tiempo no se detiene, pero sí se puede redimir. Cada minuto de ternura, cada almuerzo compartido, cada silencio sostenido y cada oración susurrada en familia construyen un cielo en la tierra.

"Aprovechando bien el tiempo, porque los días son malos." *(Efesios 5:16).* Redime tu tiempo. Hazlo un cielo. Pero los vínculos eternos no se construyen con teoría, sino con **presencia viva.**

# Capítulo 4: El Poder Transformador del Amor
**El Vínculo que Sostiene el Cielo**

Hay algo que todo ser humano anhela sin decirlo: **amar y ser amado sin condiciones**. No por lo que hace, ni por lo que ofrece, sino por simplemente ser. En los hogares donde ese amor fluye libremente, hay una atmósfera que sana, restaura, y refleja la misma presencia de Dios.

Pero cuando el amor se enfría, las palabras hieren, las miradas se evitan, y la rutina reemplaza la ternura. El hogar deja de ser un refugio y se convierte en un campo emocional seco. Por eso, este capítulo es una invitación urgente a **volver al principio**, al amor que transforma, perdona, espera y construye.

### El origen divino del amor familiar

Dios no creó al ser humano para que estuviera solo. Lo formó en amor, y para amar. El primer acto humano después de la creación fue una relación:

hombre y mujer, carne de su carne, uno solo en propósito.

"Y dijo Jehová, Dios: No es bueno que el hombre esté solo; le haré **ayuda idónea** para él." (Génesis 2:18)

**Que podemos decir de esta palabra "ayuda idónea" y su significado en el idioma original?**

✍ En Génesis 2:18, la frase "ayuda idónea" proviene del hebreo *ezer kenegdo*. Analicemos su significado original y su uso en la Biblia:

**Significado Original**

- **Ezer**: Esta palabra hebrea significa "ayuda" o "auxilio". No implica subordinación, sino más bien una ayuda poderosa y esencial. En varios pasajes bíblicos, *ezer* se utiliza para describir a Dios como el ayudador de su pueblo, lo que resalta su fuerza y capacidad para brindar apoyo en momentos de necesidad.

- **Kenegdo**: Este término significa "frente a él" o "correspondiente a él". Indica igualdad y complementariedad, sugiriendo que la mujer fue creada como una compañera que se corresponde perfectamente con el hombre.

La combinación de *ezer kenegdo* en Génesis 2:18 refleja la intención de Dios de proporcionar al hombre una compañera que sea su igual, capaz de apoyarlo y complementarlo en todos los aspectos de la vida.

**Uso en la Biblia**

1. **Referido a la mujer:** En Génesis 2:18, la frase "ayuda idónea" se utiliza específicamente para describir el papel de la mujer en relación con el hombre. Este es el único lugar donde se usa esta combinación exacta para referirse a la mujer.

2. **Referido a Dios:** La palabra *ezer* aparece varias veces en la Biblia para describir a Dios como el ayudador de su pueblo. Por ejemplo:

   - Éxodo 18:4: "El Dios de mi padre fue mi ayuda (*ezer*) y me libró de la espada de Faraón."

- Salmos 33:20: "Nuestra alma espera a Jehová; él es nuestra ayuda (*ezer*) y nuestro escudo."

En total, *ezer* se utiliza más de 20 veces en el Antiguo Testamento, y la mayoría de estas referencias son para describir a Dios.

**Reflexión**

El uso de *ezer kenegdo* para describir a la mujer en Génesis 2:18 no debe interpretarse como una posición inferior, sino como una función complementaria y esencial. Al igual que Dios es un ayudador poderoso para su pueblo, la mujer es presentada como una compañera indispensable para el hombre, diseñada para vivir en igualdad y armonía. ✍

Desde el Edén, Dios estableció el amor como el fundamento del hogar. Elena G. White escribió:

"El amor es el principio del cielo, y debe ser el fundamento del hogar." (*El Hogar Cristiano*, p. 15)

Un Hogar Celestial: Construyendo Vinculos Eternos

Un hogar sin amor puede tener reglas, rutinas, y religión… pero no tiene vida. Y donde hay amor verdadero, Dios está presente.

### Cuando el amor se desgasta

No todos los matrimonios se destruyen por infidelidad. Muchos se marchitan por indiferencia emocional. Cuando el "te amo" se da por sentado. Cuando los abrazos se reemplazan por órdenes. Cuando los hijos crecen sin palabras de afirmación y sin gestos de ternura.

"Perotengo contra ti, que has dejado tu primer amor." (Revelación 2:4)

Esta advertencia que Jesús dio a una iglesia también puede resonar en nuestros hogares. No se trata de no amar, sino de haber olvidado cómo amar bien.

### Testimonio: El reencuentro que comenzó con flores

Mario llevaba 18 años de casado. Un día, al ver una vieja foto con su esposa, se preguntó: "¿Dónde quedó todo eso que sentíamos?" Comenzó a llevarle flores cada viernes, como cuando eran novios. Al principio, ella se mostraba escéptica. Pero no se detuvo.

Con el tiempo, ella empezó a esperarlo con café, a mirarlo diferente, a reír otra vez. El amor había vuelto, no como emoción, sino como decisión renovada.

## ¿Cómo se expresa el amor que transforma? La esencia de 1 Corintios 13

El amor verdadero, según 1 Corintios 13, es mucho más que un sentimiento; es una decisión que se refleja en acciones y actitudes que transforman la vida de quienes lo reciben. Este amor trascendente tiene características profundas que nos guían hacia una manera de vivir en conexión con Dios y con los demás:

- **Es paciente:** Aprende a esperar con calma, incluso en tiempos de conflicto o dificultad.
- **Es benigno:** Actúa con bondad y busca siempre el bienestar del otro.

- **No busca lo suyo:** Es desinteresado, priorizando las necesidades de los demás sobre las propias.

- **Todo lo soporta:** Resiste las pruebas y dificultades sin rendirse.

- **Nunca deja de ser:** Permanece constante, incluso frente a cambios o desafíos.

"El amor nunca deja de ser…" (1 *Corintios* 13:8). Este amor nunca falla porque no se basa en circunstancias temporales, sino en un compromiso eterno.

Elena G. White complementa esta enseñanza divina con una verdad práctica: "Dónde hay amor genuino, habrá también respeto, ternura, compasión y perdón." (*El Ministerio de Curación*, p. 360). Estas características hacen del amor un poder sanador en el hogar y en las relaciones humanas.

### Características del amor transformador en acción

**1. Amor paciente:** La paciencia no es solo esperar, sino hacerlo con calma, sin desesperar ni juzgar. Este amor acepta las imperfecciones del otro y brinda espacio para el crecimiento.

**Ejemplo práctico:** Cuando un hijo está aprendiendo una nueva habilidad y comete errores, un padre paciente no critica ni se impacienta. En cambio, dice: *"Sé que puedes hacerlo, sigue intentando."* Este apoyo fortalece su confianza y relación.

**2. Amor benigno:** La bondad se traduce en gestos que buscan el bienestar de los demás. Este amor piensa en cómo hacer la vida de otros más ligeros y llena de alegría.

**Ejemplo práctico:** Una madre que, tras un largo día de trabajo, prepara la comida favorita de su familia. Aunque cansada, lo hace con amor porque sabe que esos pequeños actos fortalecen el vínculo.

**3. Amor desinteresado:** El verdadero amor no busca su propio beneficio. Es un amor que sirve sin esperar algo a cambio, siempre dispuesto a sacrificarse por los demás.

**Ejemplo práctico:** Un esposo que dedica su día libre para organizar una actividad especial para su pareja, simplemente porque quiere verla sonreír. Este acto refuerza el compromiso y la conexión.

**4. Amor resistente:** Todo lo soporta, desde los conflictos cotidianos hasta los momentos más oscuros. Este amor no se rinde ni abandona, sino que permanece firme frente a las pruebas.

**Ejemplo práctico:** Una familia que, enfrentando dificultades económicas, decide orar junta cada día y apoyarse mutuamente para salir adelante. Este amor en acción crea esperanza y unidad.

**5. Amor constante:** Nunca deja de ser, incluso frente a cambios inesperados o temporadas difíciles. Este amor perdura porque está arraigado en valores eternos.

**Ejemplo práctico:** Una pareja que enfrenta una enfermedad grave decide fortalecer su relación, cuidándose mutuamente con amor y dedicación. Su compromiso mutuo se convierte en un reflejo del amor eterno de Dios.

## El amor como fuerza transformadora

El amor que transforma es el que refleja paciencia, bondad, desinterés, resistencia y constancia. No depende de las circunstancias ni de los méritos, sino de un compromiso genuino de vivir bajo los principios divinos de 1 Corintios 13. Este amor, como bien expresa Elena G. White, trae consigo respeto, ternura, compasión y perdón, convirtiéndose en el fundamento de hogares restaurados y relaciones sólidas.

Recuerda, el amor nunca falla. Cada acto de paciencia, bondad y compasión es un paso hacia la transformación personal y familiar. "El amor nunca deja de ser." *(1 Corintios* 13:8) no es solo una promesa; es una realidad que se puede vivir cada día.

## Herramientas para reavivar el amor en el hogar:

### Construyendo vínculos a través de gestos intencionales

El amor en el hogar no se sostiene solo; necesita ser cultivado y nutrido con pequeños actos diarios que reflejen atención, ternura y propósito. Estas herramientas están diseñadas para fortalecer las relaciones familiares, permitiendo que cada miembro se sienta valorado y amado de manera única.

## 🖤 Lenguajes del amor: Descubriendo cómo se siente amado cada miembro

Cada persona experimenta el amor de manera diferente. Entender los lenguajes del amor en tu familia es clave para conectar a un nivel profundo. Identifica cómo cada miembro se siente más amado: a través de palabras de afirmación, tiempo de calidad, regalos, actos de servicio o contacto físico.

**Ejemplo práctico:** Observa cómo reaccionan tus hijos o tu pareja. Si tu hijo sonríe cada vez que le haces un elogio, su lenguaje puede ser palabras de afirmación. Si a tu pareja le encanta cuando cocinas algo especial, tal vez los actos de servicio son su lenguaje. Usa esta información para personalizar tus gestos de cariño.

**Reflexión:** Cuando das amor en el lenguaje que mejor entiende la otra persona, estás construyendo un puente que conecta sus necesidades con tu intención de amar.

## 💬 Frases que sanan: El poder de las palabras positivas

Un Hogar Celestial: Construyendo Vinculos Eternos

Las palabras tienen un impacto directo en las emociones y en la dinámica del hogar. Repetir frases como: *"Me importas,"* *"Gracias por estar aquí,"* o *"Estoy orgulloso de ti"* puede sanar heridas, fortalecer la autoestima y crear un ambiente de afirmación.

**Ejemplo práctico:** Antes de salir al trabajo, dile a tu hijo: *"Confío en ti, y sé que harás lo mejor hoy."* O a tu pareja: *"Aprecio todo lo que haces por nosotros."* Estas frases sencillas, pero poderosas, transforman el ambiente emocional del hogar.

**Reflexión:** Las palabras no cuestan nada, pero su impacto puede ser eterno. Úsalas con intención para sembrar vida y amor.

### 🤍 Abrazo sagrado: Sanación a través de gestos físicos

Un abrazo de 30 segundos al día tiene efectos sanadores tanto emocionales como espirituales. Este simple gesto crea una conexión que trasciende las palabras y transmite seguridad, amor y aceptación.

**Ejemplo práctico:** Al comenzar o terminar el día, abraza a tus hijos o tu pareja por unos segundos. Mientras lo haces, di en tu mente: *"Te amo, y estoy aquí para ti."* Este acto simple puede aliviar tensiones y transmitir paz.

**Reflexión:** Los gestos físicos son lenguajes silenciosos que hablan directamente al corazón. Nunca subestimes el poder de un abrazo.

### Citas familiares: Momentos exclusivos de conexión

Una vez por semana, agenda un momento exclusivo para estar con tu pareja o con tus hijos. No necesitas salir de casa ni hacer algo costoso; lo importante es la intención de dedicar tiempo a ellos sin distracciones.

**Ejemplo práctico:** Organiza un pícnic en el patio, un juego de mesa, o vean juntos una película mientras disfrutan de palomitas. Hazles saber que ese tiempo es solo para ellos y que no cambiarías esos momentos por nada.

Un Hogar Celestial: Construyendo Vinculos Eternos

**Reflexión:** Las citas familiares nutren las relaciones de manera intencional. Son espacios donde los lazos se fortalecen y los corazones se conectan.

### ♥ Cartas de amor escritas a mano: Expresiones de cariño que perduran

Redactar una carta breve expresando admiración, cariño y gratitud es un regalo invaluable que nunca se desecha. Este gesto intencional muestra a tus seres queridos lo que aprecias en ellos y fortalece su sentido de valor.

**Ejemplo práctico:** Escribe una carta a tu hijo diciendo: *"Me encanta cómo siempre ayudas con una sonrisa. Estoy tan orgulloso de ti."* O a tu pareja: *"Gracias por ser mi refugio y por todo lo que haces para nuestra familia. Tu amor me inspira cada día."* Estas palabras se convierten en un tesoro que pueden leer y releer cuando necesiten ánimo.

**Reflexión:** Una carta escrita a mano tiene el poder de capturar sentimientos de forma eterna. Es un legado de amor que siempre pueden guardar.

### Reavivando el amor con intención

Estas herramientas son más que actos; son expresiones intencionales de amor que pueden transformar el ambiente del hogar y fortalecer los vínculos familiares. Recuerda que el amor no se exige, se cultiva. A través de palabras, gestos, tiempo y gratitud, estás sembrando semillas que florecerán en relaciones sólidas y eternas.

### El amor no borra el conflicto, pero sana el ambiente: Transformando relaciones con amor seguro

El amor verdadero no elimina las diferencias ni los desafíos. Sin embargo, crea un entorno seguro en el cual las diferencias se pueden enfrentar con respeto, compasión y aceptación. En un hogar donde se ama profundamente:

**Se puede fallar sin miedo al rechazo:** Las imperfecciones se aceptan como parte del crecimiento.

**Se puede decir la verdad sin ser juzgado:** La sinceridad se recibe con apertura, sin críticas ni condenas.

**Se puede volver a empezar sin orgullo:** El perdón fluye y se prioriza la conexión por encima del ego.

Como enseña Proverbios 15:1: "La blanda respuesta quita la ira; Más la palabra áspera hace subir el furor." Este principio nos invita a responder con suavidad y amor, desactivando tensiones y creando un ambiente pacífico en el hogar.

### El amor como fuerza transformadora

El amor no solo sana relaciones; es el poder más fuerte del universo. Es la fuerza que trajo a Jesús a esta tierra, la esencia que sostiene el cielo y el ingrediente que puede hacer de tu hogar un pedazo del paraíso. El amor transforma porque crea un espacio donde las diferencias no dividen, sino que nutren y fortalecen los vínculos.

**Ejemplo práctico:** Imagina un hogar donde un hijo se siente seguro al admitir un error, como haber sacado malas notas. En lugar de gritos, los padres responden con amor diciendo: *"Sabemos que puedes hacerlo mejor. Estamos aquí para ayudarte a lograrlo."* Este enfoque no solo corrige el problema, sino que también fortalece la relación.

## No esperes que nazca solo: Elige sembrarlo cada día

El amor no surge espontáneamente; requiere intención y acción. Se cultiva en palabras que edifiquen, en gestos que nutran y en decisiones que prioricen las relaciones sobre las circunstancias. Sembrar amor es un compromiso diario que, con el tiempo, transforma el ambiente del hogar.

**Ejemplo práctico:** Dedica cinco minutos al día para expresar gratitud o afirmación a tus seres queridos. Por ejemplo, dile a tu pareja: *"Gracias por estar siempre ahí para nosotros,"* o a tu hijo: *"Estoy tan orgulloso de tu esfuerzo en la escuela."* Estas pequeñas semillas de amor florecen con fuerza cuando se siembran constantemente.

## Cuando el amor vuelve, el cielo también

El amor no solo resuelve los conflictos; los transforma en oportunidades para crecer juntos. Es una decisión diaria que se refleja en cada palabra, gesto y elección. Cuando permitimos que el amor guíe nuestras acciones, nuestro hogar se convierte en un reflejo del cielo, un lugar donde la paz, la seguridad y la compasión son parte de la rutina.

Recuerda, el amor nunca falla. Cada pequeño acto de ternura y entendimiento es un paso hacia un hogar que respira el cielo en la tierra.

## Capítulo 5: El Poder Transformador de la Comunicación

**Restaurando puentes en el alma familiar**

En el principio fue la palabra. Así comienza la historia más sagrada. No con un acto de fuerza, sino con una voz:

"Y dijo Dios: Sea la luz; y fue la luz." (Génesis 1:3)
**Dios habló… y el universo nació.**

Y si el universo fue creado por una palabra, no es de extrañar que las familias se construyan —o se destruyan— también por las palabras. La comunicación es el aliento invisible que une corazones. Cuando se interrumpe, el hogar comienza a morir en silencio.

Este capítulo no es una teoría sobre cómo hablar. Es una invitación a volver, a mirarnos a los ojos, a restaurar puentes rotos por años de silencio, gritos o indiferencia. Pero hablar bien no es solo decir las cosas correctas… es decirlas con amor, a tiempo, y con intención de sanar.

Un Hogar Celestial: Construyendo Vinculos Eternos

## Cuando las palabras unen… o hieren

Rebeca y Jorge llevaban veinte años casados. Vivían en la misma casa, pero eran dos islas. Ella decía: "Él nunca me escucha." Y él decía: "Siempre está molesta, diga lo que diga." En la terapia, la conversación era un campo minado. Había tantos "nunca", "siempre", "tú me haces", "tú me ignoras" que era imposible avanzar.

Hasta que les hice una pregunta: —¿Cuándo fue la última vez que se dijeron "gracias"? Se miraron… y no recordaban.

La gratitud se había evaporado. Las bromas también. Las palabras de afirmación eran un recuerdo lejano. Y lo que más dolía… es que no sabían cómo volver.

## El modelo divino de la comunicación

La Biblia está llena de diálogo. Dios habló con Adán, con Moisés, con Samuel, con María. Jesús nunca dejó a las multitudes sin palabras. Pero más que predicar, Él **escuchaba**. A la samaritana, al centurión, al ciego,

Un Hogar Celestial: Construyendo Vinculos Eternos

a sus discípulos confundidos. Preguntaba, esperaba, respondía con gracia.

"Manzana de oro con figuras de plata Es la palabra dicha como conviene." (Proverbios 25:11)

Jesús modeló la comunicación que sana: empática, clara, paciente y con propósito eterno.

### Señales de que la comunicación está rota

- Se habla mucho, pero no se dice nada.
- Se discute sin escuchar.
- Se lanza la culpa, no se toma responsabilidad.
- Se guarda silencio por resentimiento, no por paz.
- Se interpreta lo que el otro no dijo, pero se ignora lo que sí expresó.

Estas son grietas en el alma del hogar. Pero toda grieta es también una puerta. La pregunta no es si tienes problemas de comunicación, sino si estás dispuesto a **sanarlos a través del amor**.

Ejemplo: Un hijo que solo necesitaba ser escuchado

Un Hogar Celestial: Construyendo Vinculos Eternos

Carlos tenía 14 años. Su madre decía que estaba rebelde, desobediente, y frío. Cuando hablamos a solas, solo dijo: "Quisiera que me escuchen sin sermones."

Le pedí que escribiera una carta a sus padres. Lloró mientras la leía. La carta no tenía reclamos... tenía dolor. Decía:

"A veces hablo, pero ya me aprendí sus respuestas. Así que mejor me callo."

Esa carta transformó a su madre. Comenzó a escucharlo cinco minutos al día sin interrumpir. A los dos meses, Carlos volvió a sonreír. **Había sido escuchado... por fin.**

## Herramientas para restaurar la comunicación en tu hogar

🌳 **Escucha activa**: Repite lo que el otro dijo con tus propias palabras y pregunta: "¿Eso es lo que quisiste decir?"

Un Hogar Celestial: Construyendo Vínculos Eternos

💬 **La regla de los tres segundos**: Antes de responder en una conversación tensa, respira, ora, y cuenta hasta tres. La paciencia evita heridas.

🕊️ **El altar del diálogo**: Una noche a la semana, siéntense como pareja o familia a compartir lo vivido. Sin pantallas. Solo con el corazón abierto.

💜 **Cartas del alma**: A veces lo que no se puede decir en voz alta, se puede escribir. Inicia una libreta familiar de cartas anónimas.

📦 **La caja del perdón**: Cuando haya una discusión, escriban la ofensa, colóquenla en una caja. En la noche, léanlas y pídanse perdón, luego quemen el papel como símbolo de restauración.

### Citas de sabiduría

"Las palabras ásperas son como saetas." Las palabras tiernas son como un bálsamo. Con ellas puedes sanar, o puedes destruir." (*El Ministerio de la Bondad*, p. 19)

## Un Hogar Celestial: Construyendo Vínculos Eternos

"La muerte y la vida están en poder de la lengua, Y el que la ama comerá de sus frutos." (Proverbios 18:21)

Una familia que no se comunica, no crece. Pero una familia que aprende a hablar con respeto, con ternura y con humildad, tiene todo el cielo a su favor.

Hoy puedes comenzar con una simple frase: "Perdón por lo que dije." Te amo más de lo que expresé."

Y esa frase puede cambiarlo todo.

## Capítulo 6: El Poder Transformador de la Oración

**El altar invisible que sostiene el Hogar: Un llamado a la oración como centro espiritual**

Si pudiéramos entrar en un hogar y no ver nada más que su atmósfera espiritual, ¿qué encontraríamos? ¿Un altar encendido, vibrante con oraciones que se elevan diariamente, o un fuego apagado hace años? ¿Un susurro constante que conecta el corazón de la familia con el cielo, o un silencio que pesa sobre las paredes, apagando poco a poco la vida espiritual del hogar?

La oración no es solo una tradición olvidada por la modernidad; es la arteria que conecta el corazón del hogar con el cielo. Donde hay oración, hay presencia divina. Donde falta, la casa puede estar físicamente llena, pero espiritualmente vacía. Este llamado no es para orar más como una obligación, sino para encender nuevamente **el altar invisible** que provee dirección, vida y protección eterna al hogar.

Un Hogar Celestial: Construyendo Vínculos Eternos

## El altar del hogar: Restaurando el plan original de Dios

Desde el principio, el deseo de Dios siempre fue morar entre su pueblo, no como una figura distante o inaccesible, sino como **amigo del alma**. Cuando diseñó el hogar, lo pensó como un templo vivo:

- Cada padre es un sacerdote que guía espiritualmente.

- Cada madre, una adoradora que inspira con fe y amor.

- Cada hijo, una ofrenda viva dedicada a Él.

Dios declaró: "Y harán un santuario para mí, y habitaré en medio de ellos." (Éxodo 25:8). Su anhelo no se limita a habitar iglesias los fines de semana, sino a estar presente en salas donde se conversa con amor, en comedores donde se ora en unidad y en cuartos donde Su nombre es invocado con fe y esperanza.

**Ejemplo práctico:** Transforma un rincón de tu hogar en un espacio visible para la oración. No tiene que ser grande ni elaborado; un lugar con una Biblia

Un Hogar Celestial: Construyendo Vinculos Eternos

abierta, una vela o una imagen inspiradora puede recordar a la familia que este es un santuario donde Dios habita.

Elena G. White lo expresó de manera poderosa: *"La oración familiar es más sagrada que cualquier otro deber." Es la llave para abrir la bendición de Dios sobre el hogar."* (Consejos para la Iglesia, p. 516). Este mensaje refuerza que la fortaleza del hogar no radica en su estructura física, sino en el compromiso diario de conectar con Dios.

**Encendido nuevamente el altar invisible: Pasos prácticos**

1. **Establece un horario de oración familiar:** Comienza con algo sencillo, como orar juntos antes de las comidas o al finalizar el día. Este acto diario establece una rutina sagrada que invita la presencia divina al hogar.

   **Ejemplo práctico:** Antes de dormir, reúne a la familia en un círculo y permite que cada miembro comparta una breve oración. Incluso los más pequeños pueden participar diciendo algo por lo que están agradecidos.

2. **Crea un ambiente espiritual en el hogar:** La oración se nutre de un entorno que refleja paz y propósito. Mantén la casa como un espacio donde las conversaciones, los gestos y las decisiones reflejen un espíritu de gratitud y amor.

**Ejemplo práctico:** Dedica tiempo para reflexionar en familia sobre un versículo semanal, como Salmo 127:1 (NVI): *"Si el Señor no edifica la casa, en vano trabajan los que la edifican."* Cada miembro puede compartir cómo aplicarlo en sus vidas.

3. **Haz de la oración una experiencia viva, no mecánica:**
La oración no debe sentirse como una tarea, sino como una conversación real con Dios. Habla desde el corazón, agradece por las bendiciones del día y presenta las necesidades de la familia con sinceridad.

Un Hogar Celestial: Construyendo Vinculos Eternos

**Ejemplo práctico:** Invita a cada miembro a escribir una oración corta en una hoja y colócala en un lugar visible, como el refrigerador, para que todos puedan recordarla durante la semana.

## Haciendo del hogar un reflejo del cielo: Encendiendo el altar invisible

El altar invisible que sostiene el hogar no puede verse con los ojos físicos, pero su impacto se siente profundamente en la atmósfera espiritual. Es percibido en la paz que llena cada rincón, en el amor que guía las relaciones y en la fe que se comparte entre sus miembros. Restaurar la práctica de la oración familiar no solo conecta el corazón del hogar con el cielo, sino que también refuerza los lazos que unen a la familia, creando un espacio donde la presencia de Dios se hace tangible.

## El altar: Más que una práctica, un propósito divino

Un hogar sin oración puede parecer ocupado y habitado, pero está espiritualmente vacío. El altar familiar no es solo una actividad rutinaria; es el corazón que da vida al hogar, llenándolo de dirección, protección y propósito eterno. Este altar invisible transforma las dinámicas familiares porque coloca a Dios como el centro, no como un visitante ocasional, sino como la base de cada decisión y cada relación.

**Ejemplo práctico:** Dedica un momento cada día para orar juntos como familia, tal vez después de la cena o antes de dormir. Incluso si al principio no todos participan, tu consistencia puede inspirar a los demás a unirse. Haz de ese tiempo un espacio sagrado para expresar gratitud, presentar necesidades y renovar la conexión espiritual.

## Transformando lo ordinario en eterno

Cuando Dios habita en el hogar, lo que parece simple y cotidiano se convierte en eterno. Desde una conversación en el comedor hasta las decisiones que se toman en familia, todo puede reflejar la luz divina cuando su nombre es invocado con fe. Este proceso no es automático; requiere intención, constancia y compromiso de quienes conforman el hogar.

**Ejemplo práctico:** Identifica un espacio en tu hogar donde puedas colocar una Biblia abierta, una vela o un símbolo espiritual. Este pequeño rincón actúa como un recordatorio físico del altar invisible y ayuda a mantener el enfoque en la presencia de Dios en la vida diaria.

## Elige encender este altar invisible

Restaurar la atmósfera espiritual de tu hogar no es solo un acto individual; es una invitación a toda la familia para construir juntos un santuario de amor y fe. Elige encender este altar invisible cada día con actos sencillos pero llenos de propósito: desde una oración compartida hasta una palabra de afirmación. Con cada paso, estarás permitiendo que la presencia de Dios transforme lo ordinario en algo eterno.

Un Hogar Celestial: Construyendo Vínculos Eternos

## Cuando la oración desaparece del hogar: Una llamada a restaurar las murallas espirituales

La falta de oración en el hogar no siempre inicia con una decisión consciente. A menudo, comienza de forma sutil: por cansancio, por la monotonía de las rutinas diarias o incluso por la falsa creencia de que ya no es necesaria. Sin embargo, cuando la oración se extingue, algo más profundo se ve afectado. Los padres dejan de orar, y los hijos, en muchas ocasiones, dejan de creer. La fe, en lugar de ser una fuerza viva, se convierte en una tradición vacía, algo que existe solo de nombre, pero carece de esencia.

**"Un hogar sin oración es como una ciudad sin murallas."** Esta metáfora nos muestra cuán vulnerable se vuelve un hogar que no busca la protección divina. Sin oración, los muros que resguardan la familia espiritualmente se debilitan, dejando espacio para la división, el desánimo y la influencia del enemigo.

## El efecto de la ausencia de la oración en el hogar

1. **Desconexión espiritual:** La oración es el puente que conecta el hogar con el cielo. Sin ella, el hogar puede parecer ocupado y activo, pero espiritualmente vacío. Las decisiones se toman sin dirección divina, y la presencia de Dios se siente lejana.

    **Ejemplo reflexivo:** Piensa en un hogar donde las cenas antes incluían una oración de agradecimiento. Con el tiempo, esa costumbre se dejó de lado por la prisa o las distracciones. Poco a poco, la familia deja de reflexionar sobre sus bendiciones y comienzan a enfocarse en los desafíos cotidianos, perdiendo la paz que trae la conexión con Dios.

2. **Impacto en los hijos:** Cuando los hijos crecen en un hogar sin oración, es más fácil que vean la fe como algo sin relevancia práctica. La ausencia de ejemplos vivos de espiritualidad en el hogar puede hacer que vean la religión como una tradición vacía, en lugar de una relación activa con Dios.

**Ejemplo práctico:** Una madre o padre puede dedicar unos minutos antes de que los hijos se duerman para orar por ellos y con ellos. Escuchar a un padre decir: *"Señor, cuida a mis hijos, guíalos y dales sabiduría,"* deja una huella profunda en su corazón y nutre su fe.

3. **Vulnerabilidad emocional y espiritual:** Sin la oración, los desafíos de la vida parecen más grandes y las fuerzas del hogar se agotan más rápido. La oración no elimina los problemas, pero fortalece a la familia para enfrentarlos con esperanza y unidad.

**Ejemplo reflexivo:** Una familia que atraviesa dificultades económicas puede verse fragmentada por la tensión. Pero si eligen reunirse en oración diaria, presentando sus preocupaciones a Dios, encontrarán fortaleza espiritual y consuelo en su presencia, reforzando su unidad frente a las adversidades.

## Restaurando el altar del hogar: ¿Cómo recuperar la oración?

1. **Haz de la oración una prioridad:** Decide comenzar con pequeños pasos. Una breve oración por la mañana o antes de acostarse puede marcar la diferencia. No importa cuán ocupada sea la rutina, siempre hay espacio para conectar con Dios.

2. **Involucra a toda la familia:** Invita a los hijos y a tu pareja a participar en las oraciones. Deja que cada uno presente sus propias peticiones, para que todos sientan que son parte activa del altar familiar.

   **Ejemplo práctico:** Una noche a la semana, crea un "círculo de oración," donde cada miembro comparta algo por lo que está agradecido y algo por lo que necesita ayuda divina.

3. **Ora con sinceridad, no por obligación:** La oración no debe sentirse como un deber, sino como un momento de conexión. Habla con Dios con tus propias palabras, agradeciendo, pidiendo guía y presentando tus preocupaciones.

## Un hogar protegido por murallas espirituales

Cuando la oración desaparece, el hogar pierde algo más que una rutina; pierde su conexión más profunda con Dios. Sin embargo, nunca es tarde para volver a encender este altar invisible. La oración es el escudo que protege a la familia, el lazo que los une y la fuerza que los guía.

Restaurar la práctica de la oración no requiere grandes cambios inmediatos, solo pequeños actos de fe constantes. Con cada susurro al cielo, cada agradecimiento pronunciado y cada petición presentada, las murallas del hogar se vuelven más fuertes y el ambiente del hogar se transforma en un reflejo del cielo.

## Testimonio: Una madre de rodillas – El poder transformador de la oración

Conocí a Elena, una mujer sencilla con una historia extraordinaria. Ella crio sola a cuatro hijos en circunstancias desafiantes. Sin un salario estable ni un título universitario, sus recursos materiales eran limitados. Pero tenía algo mucho más poderoso que cualquier riqueza terrenal: un altar encendido por la oración.

Un Hogar Celestial: Construyendo Vinculos Eternos

Cada mañana, sin fallar, Elena oraba por nombre y por necesidad, intercediendo por cada uno de sus hijos con fe inquebrantable. Una vez me confesé con humildad y convicción: *"No tengo mucho que dejarles, pero tengo oración acumulada para cada uno."*

## El legado de Elena: Hijos moldeados por la fe

Hoy, los hijos de Elena son hombres y mujeres de fe. Algunos son pastores, otros misioneros, y otros profesionales cuyas vidas están consagradas a servir con propósito y compasión. Su éxito no es fruto de la casualidad, sino de un hogar sostenido por la fuerza espiritual que solo la oración puede proveer.

**Ejemplo reflexivo:** Cada noche antes de dormir, Elena dedicaba tiempo para mencionar las preocupaciones de sus hijos en sus oraciones: las luchas escolares, las decisiones difíciles y los sueños que tenían. Para ella, la oración no era solo un acto religioso, sino una forma tangible de guiar y proteger a su familia. Ese ejemplo moldeó el carácter y la fe de sus hijos, dejándoles un legado eterno.

## El altar encendido: La clave del impacto eterno

El secreto de Elena no radicaba en sus circunstancias externas, sino en su constancia para mantener encendido el altar invisible de la oración. Este altar fue el pilar de su hogar y la base sobre la cual construyó un legado de fe inquebrantable.

**Lección práctica:** Si hoy sientes que tus recursos o habilidades son insuficientes, recuerda que un altar encendido es suficiente para transformar vidas. Dedica unos minutos cada día a orar por tu familia, presentando sus nombres y necesidades ante Dios. Este acto, aunque simple, tiene el poder de mover montañas y cambiar destinos.

## El poder de la intercesión en acción

El testimonio de Elena nos enseña que el amor más grande que podemos ofrecer a nuestra familia no está en las riquezas o títulos, sino en las oraciones sinceras y constantes. Cada clamor al cielo es como una semilla sembrada en el corazón de quienes amamos, una semilla que crecerá y dará fruto en su tiempo.

## El poder espiritual de orar juntos: Transformación y unidad en el hogar

Jesús nos dejó una promesa poderosa en Mateo 18:20: *"For where two or three are gathered together in my name, there am I in the midst of them."* Cuando una familia ora junta, no solo está fortaleciendo sus lazos emocionales; está abriendo las puertas para que la presencia divina habite en su hogar. La oración en unidad trasciende lo lógico y permite que las promesas divinas se activen, transformando el ambiente espiritual de la familia.

### Impactos de orar en unidad

**1. Se fortalece el vínculo espiritual:** La oración conjunta es más que palabras; es una experiencia que une los corazones bajo un propósito compartido. Cuando una familia ora junta, se siente parte de algo más grande que ellos mismos.

**Ejemplo práctico:** Antes de comenzar cada semana, reúne a tu familia para una oración grupal donde cada miembro presente una petición específica o agradezca algo que haya vivido. Este acto de unidad espiritual fortalecerá el sentido de pertenencia y fe compartida.

**2. Se activan promesas de protección:** La oración familiar es un escudo espiritual que protege al hogar de influencias negativas y brinda seguridad. Al invocar el nombre de Dios juntos, se activan las bendiciones y el cuidado divino sobre cada miembro.

**Ejemplo práctico:** Dedica un momento cada noche para orar por la protección de cada miembro de la familia. Por ejemplo, di: *"Señor, guárdanos mientras dormimos y guía nuestras decisiones mañana."* Este hábito no solo brinda consuelo, sino que también crea un ambiente de paz.

**3. Se abre el corazón de los hijos:** Los niños y adolescentes que participan en oraciones familiares tienden a abrir sus corazones con mayor facilidad. La práctica de orar juntos les ayuda a expresar sus emociones, sueños y preocupaciones en un espacio seguro.

**Ejemplo práctico:** Durante la oración, permite que los hijos compartan una preocupación o algo por lo que están agradecidos. Esta apertura emocional fomenta confianza y refuerza su fe.

**4. Se reduce el conflicto y se aumenta la empatía:** La oración no solo conecta con Dios; también suaviza las tensiones en el hogar. Cuando una familia ora junta, las diferencias se enfrentan con mayor empatía y los conflictos se transforman en oportunidades para crecer juntos.

**Ejemplo práctico:** Si hay un conflicto en el hogar, antes de intentar resolverlo, reúne a tu familia para una breve oración. Pide sabiduría y entendimiento. Este acto desactiva las tensiones y ayuda a abordar los problemas desde una perspectiva más amorosa.

**5. Se vuelve a Dios el centro de las decisiones:** Cuando una familia ora junta, coloca a Dios como el arquitecto de su hogar y sus planes. Esto no solo genera confianza, sino que también guía las decisiones hacia el propósito divino.

Un Hogar Celestial: Construyendo Vinculos Eternos

**Ejemplo práctico:** Antes de tomar decisiones importantes como mudanzas, cambios de empleo o decisiones escolares, reúnete con tu familia para orar por dirección y claridad. Este hábito coloca a Dios en el centro de la vida familiar.

## La oración como pilar del hogar

La oración conjunta tiene el poder de transformar el hogar en un reflejo del cielo. Al fortalecer el vínculo espiritual, activar promesas divinas, abrir corazones, reducir conflictos y centrar las decisiones en Dios, se crea un espacio de amor, paz y propósito eterno. La unidad que se construye en cada oración compartida deja un legado que trasciende generaciones.

Recuerda, la fuerza de una familia no solo radica en su unión física, sino en su conexión espiritual.

**Herramientas prácticas para restaurar el altar familiar: Renovando la conexión espiritual en el hogar**

Restaurar el altar familiar es una invitación a fortalecer la relación con Dios y entre los miembros de la familia. Estas herramientas prácticas son formas simples, pero poderosas, de reavivar la atmósfera espiritual en el hogar, creando un espacio donde la fe y el amor sean el centro.

## 🜂 10 minutos que cambian el día: Rutina espiritual para empezar y terminar juntos

Dedica un momento fijo cada día para conectar con Dios como familia, incluso si solo son 10 minutos. Divide ese tiempo en 5 minutos al despertar y 5 al acostarse. Lean un versículo, oren en voz alta, agradezcan las bendiciones, presenten sus peticiones y entreguen el día a Dios.

**Ejemplo práctico:** Por la mañana, antes de que cada miembro salga de casa, reúnanse para leer un versículo como el Salmo 118:24: *"Este es el día que hizo el Señor; nos gozaremos y alegraremos en él."* Cierren con una oración breve, pidiendo sabiduría y bendición. Por la noche, vuelvan a reunirse para agradecer lo vivido.

Un Hogar Celestial: Construyendo Vinculos Eternos

**Reflexión:** Estos pequeños momentos diarios no solo conectan con Dios, sino que también crean un sentido de propósito y unidad en la familia.

### 📖 Lectura de promesas en familia: Viviendo bajo la Palabra

Elige una promesa bíblica semanal que inspire y guíe a tu familia. Escríbela en un lugar visible, como la nevera, para que todos la recuerden y repítanla juntos cada día. Deja que esa Palabra influya en las decisiones y actitudes de la semana.

**Ejemplo práctico:** Una promesa como Isaías 41:10: *"No temas, porque yo estoy contigo,"* puede servir como recordatorio constante de la presencia de Dios. Al final de la semana, reflexionen cómo esa promesa se cumplió en sus vidas y compartan experiencias.

**Reflexión:** Vivir bajo una promesa crea una atmósfera de confianza en Dios y fortaleza espiritual en el hogar.

## 🕊 El cuaderno de oración familiar: Registrando la fidelidad de Dios

Un cuaderno de oración familiar es una herramienta poderosa para anotar peticiones y, con el tiempo, registrar como Dios responde a ellas. Ver cómo las oraciones son contestadas fortalece la fe y evidencia la presencia activa de Dios en sus vidas.

**Ejemplo práctico:** Dediquen una página a cada miembro de la familia, anotando sus peticiones específicas y la fecha en que las presentan. A medida que las oraciones sean respondidas, añadan notas de gratitud. Por ejemplo: *"El 5 de marzo oramos por un nuevo trabajo, y Dios abrió una puerta el 15 de marzo."*

**Reflexión:** Este registro no solo documenta la fidelidad de Dios, sino que también motiva a seguir confiando y orando juntos.

## 🌿 El rincón sagrado: Un espacio visible para buscar a Dios

Designa un lugar especial en tu hogar donde se pueda orar. No importa el tamaño; puede ser una esquina con una Biblia abierta, una vela o un símbolo que inspire a buscar a Dios. Este rincón sagrado será reconocido como el lugar de encuentro con lo divino.

**Ejemplo práctico:** Escoge un espacio tranquilo y decóralo con simplicidad: una mesita con una Biblia, un cuaderno de oración, una vela y quizás una planta. Cada vez que alguien necesite un momento de reflexión o consuelo, sabrá que ese rincón está disponible para orar.

**Reflexión:** Tener un espacio dedicado ayuda a crear una rutina y fomenta la espiritualidad como parte de la vida diaria.

### 🍃 Día de clamor mensual: Una cita especial con Dios en familia

Una vez al mes, organiza un culto especial en casa para orar como familia, escuchar alabanzas, compartir testimonios y enfocar las oraciones en un propósito común. Este día puede ser una fuente de renovación y alegría espiritual.

Un Hogar Celestial: Construyendo Vinculos Eternos

**Ejemplo práctico:** Un domingo al mes, reúne a la familia para escuchar canciones inspiradoras, compartir como Dios ha obrado en sus vidas durante el mes, y orar por metas específicas como crecimiento espiritual, sanidad, o reconciliación. Terminen el día cenando juntos con gratitud.

**Reflexión:** Este día fortalece los lazos familiares y renueva el enfoque en Dios como el centro de sus vidas.

## Renovando el altar familiar día a día: Pequeños pasos para transformar el hogar.

Restaurar el altar familiar no requiere grandes gestos, sino la intención de construir diariamente un espacio donde la presencia de Dios sea el centro. Con herramientas sencillas como la oración, la gratitud y la comunión, tu hogar puede convertirse en un reflejo del cielo, un lugar de paz, unidad y propósito divino.

**Ejemplo práctico:** Dedica tiempo en la mañana y en la noche para reunir a tu familia y leer juntos un versículo, orar y expresar gratitud por las bendiciones del día. Este acto, aunque simple, establece una rutina espiritual que transforma la atmósfera del hogar.

## Orar cuando ya nadie quiere orar: La fuerza de la perseverancia

¿Qué pasa cuando eres la única persona en tu hogar que mantiene la práctica de la oración? ¿Cuándo tus hijos han perdido la fe o tu pareja responde con indiferencia o incluso burla? Aunque pueda parecer difícil, la respuesta es clara: ora más fuerte, más firme y con mayor fidelidad. La intercesión individual tiene un poder extraordinario que trasciende la lógica humana.

Dios promete: *"Y todos tus hijos serán enseñados de Jehová; y multiplicará la paz de tus hijos"* (Isaías 54:13). Esta promesa es una luz de esperanza que sostiene a quienes claman por la restauración de su familia.

**Ejemplo práctico:** Dedica un espacio específico en tu hogar como tu rincón de oración. Aunque los demás no participen, mantén encendido el altar invisible a través de súplicas sinceras, mencionando a cada miembro de tu familia por nombre y necesidad. Esta práctica, constante y firme, es el canal por el que Dios puede alcanzar sus corazones.

Elena G. White lo expresa con fuerza: *"La madre que ora, aún sola, puede ser el canal por donde Dios alcance a una familia entera."* (El Ministerio de Curación, p. 389). Incluso cuando parece que no hay apoyo, tu fidelidad en oración puede sembrar semillas espirituales que florecerán en su tiempo.

## Transformación a través del altar familiar

La oración es más que palabras; es una llama que ilumina el hogar, disipa la oscuridad y restaura el propósito. Cuando el altar familiar está activo, el carácter se forma, las heridas se sanan y los vínculos se fortalecen. No importa cuán difícil parezca el entorno, cada acto de oración, gratitud y fe tiene el poder de transformar no solo tu hogar, sino también el mundo que te rodea.

## El impacto de la oración solitaria: Un canal de transformación

Incluso si te encuentras sola en tu hogar, tu oración es un canal por el que Dios puede obrar en el corazón de tu familia. La intercesión, aun cuando no tiene un apoyo visible, alcanza dimensiones espirituales que generan cambios profundos, visibles en su momento.

**Ejemplo práctico:** Dedica un rincón tranquilo de tu casa como tu altar personal. Ora cada día, mencionando los nombres y necesidades de cada miembro de tu familia. Aunque ellos no participen, tus oraciones tendrán un efecto silencioso pero poderoso en sus vidas.

## La llama que disipa la oscuridad: El poder transformador de la oración

La oración no es simplemente una rutina; es una llama que calienta un hogar frío, ilumina los momentos más oscuros y ahuyenta el desánimo. Aunque te sientas sola en este acto, cada palabra pronunciada en fe puede traer luz y renovación al ambiente de tu casa. Las tinieblas nunca resisten a una familia intercedida.

**Ejemplo práctico:** Ora por la unidad y la salvación de tu familia antes de que se duerman. Usa las promesas bíblicas como base para tus peticiones, como el Salmo 91: *"El que habita al abrigo del Altísimo morará bajo la sombra del Omnipotente."*

## Dobla tus rodillas, transforma el mundo: El impacto eterno de la oración

No necesitas grandes riquezas ni un hogar perfecto para ver un cambio significativo en tu familia. Tampoco hacen falta condiciones ideales o recursos materiales extraordinarios. Lo único que realmente necesitas es **doblar tus rodillas en oración** y mantener encendido el altar familiar. Es en este espacio sagrado de conexión con Dios donde **se forma el carácter, se sanan las heridas, se fortalecen los vínculos**, y las relaciones comienzan a reflejar el cielo aquí en la tierra.

La oración no solo transforma al que la practica; también tiene el poder de **ablandar los corazones y**

**renovar la atmósfera espiritual del hogar.** Como el agua que fertiliza un terreno árido, la oración constante puede traer vida a lugares donde parecía haber sequedad y distancia.

## El altar familiar: Fuente de renovación y paz

El altar familiar es un lugar simbólico que representa la búsqueda continua de la presencia de Dios en el hogar. A través de la oración, transformamos nuestros espacios cotidianos en un santuario donde el amor, la paz y la fe pueden florecer.

**Ejemplo práctico:** Dedica cada noche unos minutos para orar en familia, mencionando agradecimientos y peticiones específicas. Aunque comiencen con poco tiempo, el simple acto de unir sus voces en clamor crea un ambiente de unidad y propósito.

## La oración como agua para un terreno árido

Si tu hogar parece espiritualmente seco, no te desanimes. Recuerda que la **oración persistente es como agua para un terreno árido**, capaz de regenerar aquello que parecía perdido. Cada oración pronunciada en fe es una semilla que, con el tiempo, dará fruto.

**Ejemplo reflexivo:** Una madre o un padre que ora constantemente por sus hijos, incluso sin recibir respuesta inmediata, está plantando raíces espirituales. Con paciencia y fe, verá cómo esas oraciones impactan las vidas de su familia en el tiempo perfecto de Dios.

## La oración como motor del cambio

El mundo comienza a transformarse desde el altar del hogar. No necesitas esperar condiciones ideales ni contar con recursos abundantes; basta con entregar cada día a Dios en oración. Doblar tus rodillas y mantener encendida esta llama espiritual no solo sanará tu hogar, sino que será el punto de partida para impactar el mundo que te rodea.

*"Clama a mí, y yo te responderé, y te enseñaré cosas grandes y ocultas que tú no conoces."* (Jeremías 33:3, RVR1960). Este llamado nos recuerda el poder y la

promesa que hay en buscar a Dios con constancia y fe.

## El altar familiar: Un centro de transformación

El altar de oración familiar no es un lugar físico, sino un compromiso constante de rendir el hogar a Dios. Es el espacio donde tus palabras, tus súplicas y tu fe se convierten en instrumentos de cambio divino.

Ejemplo práctico: Escoge un momento específico del día para orar con tu familia o, si estás sola, para interceder por cada miembro del hogar. Menciona sus nombres, sus necesidades y presenta tu hogar como una ofrenda ante Dios. Por ejemplo, podrías decir: *"Señor, bendice nuestras relaciones, danos sabiduría para amarnos mejor y haz de nuestro hogar un reflejo de Tu amor."*

## La oración como agua para un terreno árido

Si sientes que tu hogar está espiritualmente seco o desconectado, no pierdas la esperanza. Recuerda que la oración es como el agua que penetra lentamente en la tierra, fertilizándola y preparándola para dar fruto. Aunque los resultados no sean inmediatos, cada oración es una semilla que eventualmente florecerá.

Ejemplo reflexivo: Imagina una madre que ora sola en una habitación por sus hijos, mientras ellos no participan. Aunque no lo vean ni lo comprendan en el momento, esa oración está plantando raíces profundas que, en el tiempo perfecto, traerán resultados visibles en sus vidas.

## La transformación comienza en el altar

El mundo comienza a cambiar desde el altar del hogar. Es ahí donde se construyen las bases de una familia unida, fuerte y dirigida por principios eternos. La oración persistente no solo transforma hogares; también impacta comunidades, generaciones y el mundo entero.

Si deseas ver un cielo en tu hogar, no necesitas comprar más cosas o buscar grandes soluciones externas. Dobla tus rodillas y busca la presencia de Dios con fe y constancia. Desde ese altar invisible se

Un Hogar Celestial: Construyendo Vinculos Eternos

renovarán las fuerzas, se restaurarán las relaciones y el desánimo dará paso a la esperanza.

# Capítulo 7: La Restauración de los Hijos Perdidos
**Del Dolor a la Redención Familiar**

Pocas oraciones cargan tanta angustia como esta: **"Señor... tráelo de vuelta."**

No se trata de un hijo que se fue físicamente, sino del que está ahí, pero ya no es el mismo. El que dejó de creer. El que dejó de hablar. El que dejó de confiar. El que vive bajo el mismo techo, pero con un muro invisible entre su alma y la tuya.

Este capítulo es para ti, madre que ora de madrugada. Padre que disimula su llanto. Abuelo que sigue esperando. No es demasiado tarde. **Dios aún escribe historias de redención.**

### El hijo pródigo sigue caminando por nuestras calles

Jesús no contó la parábola del hijo pródigo como una historia lejana. La contó porque sabía que muchos hogares vivirían esa misma escena: Un hijo que se aleja. Un padre que queda en la puerta esperando. Una casa que suspira por abrazos que no llegan.

"Y levantándose, vino a su padre. Y cuando aún estaba lejos, lo vio su padre, y fue movido a misericordia, y corrió, y se echó sobre su cuello, y le besó." (Lucas 15:20)

La restauración comienza con compasión… **no con reproche**. El amor que restaura es el que espera con los brazos abiertos, incluso cuando el corazón está sangrando.

## Cuando los hijos se pierden dentro del hogar

No todos los hijos perdidos están lejos físicamente. Algunos viven contigo… pero ya no están. Viven en la pantalla. En sus heridas. En su aislamiento. Se fueron sin hacer maletas, pero llevan el alma cargada.

A veces fue el divorcio. Otras, el exceso de control. Tal vez un abuso silencioso, o simplemente la ausencia de palabras de afirmación. Sea cual sea la causa, **no se trata de buscar culpables, sino de buscar caminos de restauración.**

"Las madres y los padres deben recordar que ellos mismos han hecho muchas cosas que han contribuido a que sus hijos sean lo que son." (*El Hogar Cristiano*, p. 303)

## Testimonio: Una hija, un diario, una redención

Isabela se alejaba cada vez más de su madre. Silencios largos, respuestas cortantes, ninguna muestra de afecto. Hasta que un día, su madre encontró un viejo diario: "Quisiera que mi mamá me escuche sin corregirme... que me diga que está orgullosa de mí."

Esas palabras cambiaron su trato. Empezó a abrazarla sin pedir explicación. A invitarla sin imponer. A orar por ella... con lágrimas, no con enojo.

Un año después, Isabela volvió a los caminos del Señor.

La madre me dijo: "El Espíritu Santo me mostró que

no necesitaba ganarla con sermones, sino con ternura."

## Pasos hacia la restauración de los vínculos con tus hijos

Reconstruir los lazos con tus hijos es un proceso que requiere humildad, paciencia y amor intencional. Estos pasos te ayudarán a renovar la conexión emocional y espiritual que quizás se ha debilitado con el tiempo.

**1. Pide perdón, incluso si no te sientes culpable**

Reconocer posibles heridas o momentos de desconexión, aunque no sean intencionados, puede abrir puertas que habían estado cerradas. A veces, un simple "lo siento si fallé" tiene más poder que cualquier consejo. Esta acción humilde desarma el orgullo y crea un ambiente de apertura.

**Ejemplo práctico:** Si sientes distancia con tu hijo, dile: *"Quiero pedirte perdón si en algún momento no te escuché o te fallé. Mi deseo es que volvamos a construir una conexión más fuerte."* Este acto de humildad puede ser el primer paso hacia una reconciliación sincera.

## 2. Ora por ellos por nombre, necesidad y propósito

La oración tiene un impacto profundo, tanto en los hijos como en el corazón de quien ora. Al presentar sus nombres y necesidades específicas ante Dios, estás sembrando intercesión que puede transformar vidas.

*"La oración eficaz del justo puede mucho."* (Santiago 5:16, RVR1960).

**Ejemplo práctico:** Crea una lista de oración con los nombres de tus hijos y sus necesidades actuales. Ora diariamente por ellos, diciendo: *"Señor, guía a [nombre], protégelo y dirígelo hacia Tu propósito eterno."* Estas súplicas constantes son semillas que darán fruto en su tiempo.

## 3. Invítalos, no los obligues

Jesús no forzó el corazón de nadie; Él se acercó con amor y paciencia, diciendo: *"He aquí, yo estoy a la puerta y llamo; si alguno oye mi voz y abre la puerta, entraré a él y cenaré con él, y él conmigo."* (Apocalipsis 3:20, RVR1960). Invitar a tus hijos, en lugar de imponerles, fomenta una relación de respeto y confianza.

**Ejemplo práctico:** En lugar de exigirles que participen en actividades familiares o espirituales, invítalos con ternura. Por ejemplo: *"¿Te gustaría que leamos este versículo juntos? Me encantaría escuchar lo que piensas."* Este enfoque crea un ambiente donde ellos se sienten valorados y respetados.

## 4. Encuentra puentes emocionales

La conexión emocional puede abrir el canal espiritual. Busca actividades, recuerdos o experiencias que puedan servir como puentes para fortalecer su relación.

**Ejemplo práctico:** Si tu hijo disfruta la música, comparte una canción que tenga un mensaje positivo o significativo. Si tienen recuerdos compartidos de un lugar especial, propón visitarlo juntos. Estos momentos de conexión refuerzan los lazos emocionales que son la base de la relación.

### 5. Ama sin condiciones, pero con esperanza

El amor verdadero nunca se apaga, incluso cuando hay desacuerdos. Aunque no apruebes las decisiones equivocadas, no dejes de expresar amor y esperanza hacia ellos. Este equilibrio entre firmeza y ternura es lo que ayuda a guiar sin juzgar.

**Ejemplo práctico:** Si tu hijo está enfrentando luchas espirituales o emocionales, dile: *"No importa lo que pase, siempre estaré aquí para ti. Mi amor por ti nunca cambiará."* Estas palabras les recuerdan que tu apoyo es incondicional, pero siempre lleno de esperanza.

## Reconstruyendo con humildad y propósito

Renovar los vínculos con tus hijos no siempre es fácil, pero estos pasos te ayudarán a construir un camino hacia la sanación y la restauración. Con oración constante, invitaciones respetuosas y amor incondicional, puedes reflejar el amor de Dios en sus vidas. Como Jesús nos enseñó, la conexión con el corazón es el primer paso para restaurar cualquier relación.

## Herramientas prácticas para padres intercesores:

## Reforzando vínculos a través del amor y la oración

Como padres intercesores, tenemos el poder de transformar la vida de nuestros hijos a través de actos intencionales de amor, comunicación y oración. Estas herramientas prácticas están diseñadas para ayudarte a profundizar tu conexión emocional y espiritual con ellos, dejando un impacto que trascienda el tiempo.

## El cuaderno de intercesión: Oraciones que trascienden

Un cuaderno de intercesión es un lugar dedicado para registrar las oraciones, promesas bíblicas, sueños y respuestas relacionadas con tus hijos. Este hábito crea un registro tangible del cuidado espiritual que les ofreces y te permite reflexionar sobre cómo Dios obra en sus vidas.

**Ejemplo práctico:** Escribe en una página el nombre de tu hijo/a y agrega oraciones específicas por su vida. Por ejemplo: *"Señor, guía a [nombre] en sus decisiones escolares y protégelo de toda influencia negativa."* Registra también los momentos en que esas oraciones son respondidas como un testimonio de la fidelidad de Dios.

## Los cinco minutos sin juicio: Escucha activa y amorosa

Dedica cada día un espacio para que tu hijo/a hable libremente, sin interrupciones, sin sermones y sin reacciones inmediatas. Este tiempo les permite expresar sus emociones y pensamientos sin temor a ser criticados, fomentando confianza y comprensión.

**Ejemplo práctico:** Durante esos cinco minutos, deja que tu hijo te hable sobre su día, sus preocupaciones o sus sueños. Haz preguntas abiertas para profundizar en la conversación, pero evita reaccionar de forma emocional o crítica. El objetivo es escuchar plenamente y mostrar empatía.

### 💜 Cartas del corazón: Mensajes que transforman

Escribir una nota semanal y dejarla en un lugar especial, como la almohada o la mochila, puede ser un gesto poderoso para transmitir amor y apoyo. Estas palabras breves son recordatorios constantes de tu presencia y oración en sus vidas.

**Ejemplo práctico:** Escribe algo sencillo pero significativo, como: *"Estoy aquí para ti siempre. Te amo y oro cada día por tus sueños y tu protección."* Este pequeño acto les hace saber que son amados y recordados constantemente.

## 📖 Promesa mensual de restauración: Declarando la verdad de Dios

Memorizar y proclamar una promesa bíblica en voz alta por tu hijo/a refuerza la intercesión espiritual y te ayuda a mantener la fe en tiempos desafiantes. Estas palabras divinas son pilares de fortaleza para la vida de tus hijos.

**Ejemplo práctico:** Escoge una promesa como Isaías 49:25: *"Yo salvaré a tus hijos."* Repítela diariamente y en momentos de oración, declarando que esa verdad divina se cumplirá en sus vidas. Al hacer esto, estás sembrando esperanza y confianza en el poder de Dios.

## 🌱 Tiempo uno a uno: Restaurando la conexión emocional

Dedica al menos una hora a la semana para pasar tiempo individual con tu hijo/a, sin distracciones como celulares. Estos momentos compartidos son oportunidades para sanar grietas invisibles y construir un vínculo más fuerte.

**Ejemplo práctico:** Planea actividades simples como pasear juntos, cocinar, o simplemente conversar mientras comparten un café o una merienda. Este tiempo exclusivo les permite sentirse valorados y escuchados.

## El impacto de la intercesión en la vida de tus hijos

Ser un padre intercesor implica actuar con intención para fortalecer no solo la conexión emocional, sino también el vínculo espiritual con tus hijos. Con herramientas como el cuaderno de intercesión, los cinco minutos sin juicio, y el tiempo uno a uno, puedes cultivar relaciones saludables que reflejan el amor de Dios. La oración y el amor constante son el canal por el cual la restauración y el propósito divino se manifiestan en sus vidas.

## Palabras de esperanza: La promesa del regreso

La oración es el vínculo más poderoso que une el corazón de una madre con Dios, permitiéndole

Un Hogar Celestial: Construyendo Vínculos Eternos

interceder por sus hijos incluso en los momentos más oscuros. Como bien escribió Elena G. White: *"Por medio de la oración, las madres pueden colocar a sus hijos en los brazos de Dios."* (El Ministerio de Curación, p. 373).

No importa cuán lejos puedan parecer estar tus hijos, hay una promesa divina que llena de esperanza: *"Y tus hijos volverán a su propia tierra."* (Jeremías 31:17, RVR1960). Este versículo nos recuerda que siempre hay una frontera de regreso, una oportunidad para que Dios obre en sus corazones y los guíe de vuelta al camino de la fe.

### El poder de la oración persistente

La distancia, ya sea física, emocional o espiritual, nunca es un límite para el poder de Dios. Cuando clamas con fe y constancia, estás depositando a tus hijos en las manos del único que puede restaurar sus vidas y guiar sus pasos de regreso. Esa promesa es clara: *"Volverán."*

**Ejemplo práctico:** Dedica tiempo diariamente para mencionar a tus hijos por nombre en oración. Pide específicamente por su protección, por su corazón y por su retorno al Señor. Incluso si no ves cambios inmediatos, recuerda que cada oración es una semilla que en su tiempo dará fruto.

## Una promesa que nunca falla

Dios nos asegura que Su mano no está acortada para salvar ni Su oído cerrado para escuchar. Confía en que cada oración tiene poder y que, aunque hoy el camino parezca incierto, Él es fiel para cumplir Sus promesas. No dejes de orar, porque en esa intercesión está la fuerza para sostener a tu familia.

*"Clama a mí, y yo te responderé, y te enseñaré cosas grandes y ocultas que tú no conoces."* (Jeremías 33:3, RVR1960).

## Nunca es tarde para empezar: Restaurando con amor y propósito

No podemos regresar al pasado ni deshacer los errores o momentos perdidos, pero tenemos el poder de comenzar hoy, aquí mismo. Una palabra sincera, un abrazo lleno de amor o una oración levantada al cielo pueden ser el inicio de una restauración. Es en esos gestos simples donde se siembran las semillas de un nuevo comienzo.

Tu hijo no necesita que seas perfecto. No está buscando en ti una figura impecable, sino un corazón dispuesto a amar, escuchar y estar presente. Lo único que anhela es saber que tu amor permanece, constante y seguro, como el amor del padre en la parábola del hijo pródigo. Ese amor que espera sin condiciones, con los brazos abiertos y llenos de esperanza, listo para recibir y abrazar.

## El ejemplo del Padre celestial: Restaurando relaciones con gracia

Dios nos muestra a través del padre del hijo pródigo cómo actuar cuando hay distancia o heridas en una relación:

- **Esperar con esperanza:** El padre nunca dejó de creer en el regreso de su hijo.

- **Recibir con gracia:** Cuando su hijo regresó, no hubo reproches, solo un abrazo de bienvenida.

- **Restaurar con amor:** En lugar de juzgar, el padre celebró el reencuentro y renovó su vínculo.

*"Pero el padre dijo a sus siervos: Sacad el mejor vestido, y vestidle; y poned un anillo en su mano, y calzado en sus pies."* (Lucas 15:22, RVR1960).

### El primer paso hacia el retorno

No importa cuán rota o distante pueda parecer la relación, siempre hay una oportunidad para restaurarla. Lo importante es dar el primer paso con humildad y amor. Una palabra amable, un abrazo sincero y una oración ferviente pueden transformar incluso los corazones más heridos.

Tu hijo no necesita perfección; necesita certeza de tu amor inquebrantable. Es ese amor, reflejo del de nuestro Padre celestial, lo que puede restaurar y traer vida nueva a la relación.

# Capítulo 8: Cómo Perdonar sin Perderse

**El Milagro de la Reconciliación con Identidad**

Hay heridas que no se ven, pero se sienten con cada respiración. Palabras que no sangran, pero dejaron cicatrices en el alma. Traiciones que aún duelen al recordarlas. En el contexto familiar, el perdón no es una opción decorativa. Es **una urgencia espiritual y emocional.**

Pero ¿cómo perdonar cuando el dolor ha sido profundo? ¿Cómo perdonar sin traicionar nuestra dignidad? ¿Cómo amar otra vez… sin anular lo que somos?

Este capítulo es un sendero hacia el perdón que no te borra, sino que **te restaura sin perder tu esencia.**

## El perdón según el cielo

Dios no perdona superficialmente. Perdona desde la sangre, desde la cruz, desde el amor eterno. No nos pide que olvidemos, sino que entreguemos el derecho de venganza para recibir **libertad interior.**

"Porque si perdonáis a los hombres sus ofensas, os perdonará también a vosotros vuestro Padre celestial." (Mateo 6:14)

Y Elena G. White añade: "El perdón no significa aprobación del pecado. Es el acto de liberar el alma del veneno del rencor." (*El Camino a Cristo*, p. 27)

Perdonar no es justificar lo injustificable. Es soltar lo que te ata para que Dios haga justicia a su manera… y tú puedas vivir.

## Cuando el perdón se vuelve una cárcel emocional

Camila me escribió una carta. Decía: "Me piden que perdone, pero yo fui la herida. ¿Acaso no importa lo que sufrí?"

Su padre la había humillado en la infancia. Su madre había guardado silencio. Hoy, adulta, tenía un matrimonio disfuncional… y un alma llena de nudos.

Le respondí con esta frase: "El perdón no es una traición a tu dolor. Es la medicina que tu alma necesita para no vivir esclavizada al pasado."

Perdonar no es permitir más abuso. Es cerrar una herida con cicatriz... no con pus emocional.

### ¿Qué significa perdonar sin perderse?

1. **Es reconocer la herida con honestidad.** No se puede perdonar lo que se niega.
2. **Es decidir sanar, aunque no haya disculpas.** El perdón no depende del otro. Es tu acto de fe.
3. **Es establecer límites nuevos.** Puedes perdonar a alguien... y aun así poner distancia si es necesario para tu seguridad emocional o física.
4. Es permitir que el Espíritu Santo trate el corazón herido. Él no ignora tu dolor. Él lo convierte en testimonio.

5. **Es recordar que tú también fuiste perdonado.** No desde la perfección... sino desde la gracia.

Testimonio: El abrazo que rompió 20 años de silencio

David y su hermano mayor no se hablaban desde la muerte de su padre. Una discusión por herencia los separó. Dos décadas de silencio, reproches, orgullo.

Hasta que David enfermó gravemente. Su esposa, creyente fiel, le dijo: "Si hoy murieras, ¿con qué cuentas rendirías tu alma?"

Llamó a su hermano. No fue una conversación larga. Solo dijo: "Te perdono. Y te pido perdón." Ambos lloraron. El amor regresó. David vivió cinco años más. Su hermano fue quien lo sostuvo hasta el último aliento.

**Herramientas para practicar el perdón en familia**

- **Carta de liberación**: Escribe lo que nunca dijiste. Libérate en papel. Luego, si es sano y seguro, compártela. Si no, quémala como acto simbólico.

- **Oración del soltar**: Cada mañana, di: "Señor, entrego esta herida a Ti. No quiero cargarla más."

- **Mapa de límites nuevos**: Identifica lo que estás dispuesto a tolerar y lo que ya no aceptarás. El perdón no debe borrar tus valores.

- **Versículo de restauración**: "Crea en mí, oh Dios, un corazón limpio, Y renueva un espíritu recto dentro de mí." (Salmos 51:10)

- **Ritual familiar del perdón**: Una vez al mes, como familia, compartan algo por lo que necesitan pedir o dar perdón. Cierren con oración y abrazo.

## El poder sanador del perdón en el hogar – Transformando el Hogar en un Santuario de Paz

El perdón es el bálsamo que sana las heridas más profundas del corazón humano. En el contexto del hogar, su poder es aún más trascendental. Un hogar sin perdón se convierte en una cárcel emocional, donde los resentimientos y las heridas no cicatrizadas aprisionan a sus habitantes. En cambio, un hogar donde reina el perdón se transforma en un santuario, un espacio donde la gracia de Dios fluye libremente y donde las relaciones se restauran y florecen.

Donde mora el Espíritu de Cristo, florecen la humildad, la dulzura de carácter y el perdón. Estas palabras nos recuerdan que el perdón no es simplemente un acto humano, sino una expresión viva del carácter de Cristo en nosotros. Cuando Su Espíritu habita en el hogar, el perdón se practica con naturalidad y se convierte en un agente transformador.

### El Perdón en la Biblia

La Biblia nos ofrece múltiples enseñanzas sobre el perdón y su importancia en nuestras relaciones. Algunos versículos clave incluyen:

- **Efesios 4:32**: *"Antes sed benignos unos con otros, misericordiosos, perdonándoos unos a otros, como*

*Dios también os perdonó a vosotros en Cristo."* Este versículo nos llama a imitar el perdón divino en nuestras interacciones diarias.

- **Colosenses 3:13**: *"Soportándoos unos a otros, y perdonándoos unos a otros si alguno tuviere queja contra otro; de la manera que Cristo os perdonó, así también hacedlo vosotros."* Aquí se nos recuerda que el perdón es un reflejo del amor de Cristo hacia nosotros.

- **Mateo 6:14-15**: *"Porque si perdonáis a los hombres sus ofensas, os perdonará también a vosotros vuestro Padre celestial; más si no perdonáis a los hombres sus ofensas, tampoco vuestro Padre os perdonará vuestras ofensas."* Este pasaje subraya la conexión entre el perdón que damos y el perdón que recibimos de Dios.

**El Perdón como Transformación**

El perdón no solo libera al que lo otorga, sino que también transforma el ambiente del hogar. Es un acto de humildad y amor que refleja el carácter de Cristo y que tiene el poder de restaurar relaciones rotas. Cuando elegimos perdonar, permitimos que la gracia de Dios actúe en nuestras vidas y en nuestras familias, creando un espacio donde la paz y la armonía pueden florecer.

El hogar debe ser un lugar donde habite el amor, un amor que fluya como un río tranquilo para refrescar a todos los que están a su alcance. Este amor, manifestado a través del perdón, es lo que convierte al hogar en un santuario, un lugar donde cada miembro de la familia puede encontrar refugio y restauración.

**Reflexión**

El perdón es una herramienta divina que Dios nos ha dado para sanar y fortalecer nuestras relaciones. En el hogar, su impacto es especialmente poderoso, transformando lo que podría ser una prisión emocional en un espacio de libertad y amor. Este llamado a practicar el perdón no es solo una invitación, sino una responsabilidad sagrada que refleja el carácter de Cristo en nuestras vidas.

## Conclusión: El Poder Transformador del Perdón

Perdonar no es un signo de debilidad; es una de las mayores evidencias de que Dios habita en nuestro corazón. El acto de perdonar refleja la gracia divina que hemos recibido y nos invita a extenderla a los demás. En un mundo donde el rencor y la justicia humana a menudo prevalecen, el perdón es un acto contracultural que nos libera y nos transforma.

La Biblia nos enseña que el perdón es esencial para nuestra relación con Dios y con los demás. En **Mateo 6:14-15**, Jesús declara: *"Porque si perdonáis a los hombres sus ofensas, os perdonará también a vosotros vuestro Padre celestial; más si no perdonáis a los hombres sus ofensas, tampoco vuestro Padre os perdonará vuestras ofensas."* Este pasaje subraya que el perdón no solo beneficia al otro, sino que también es un requisito para experimentar plenamente la gracia de Dios.

Cuando perdonamos, no solo liberamos al otro de la carga de la culpa, sino que también nos liberamos a nosotros mismos del peso del resentimiento. **Efesios 4:32** nos exhorta: *"Antes sed benignos unos con otros, misericordiosos, perdonándoos unos a otros, como Dios también os perdonó a vosotros en Cristo."* Este llamado a la misericordia y al perdón nos recuerda que somos recipientes de la gracia divina y, por lo tanto, estamos llamados a compartirla.

Donde mora el espíritu de Cristo, hay humildad, hay dulzura de carácter, hay perdón. Estas palabras encapsulan la esencia del perdón como una manifestación del carácter de Cristo en nuestras vidas. Cuando elegimos perdonar, permitimos que Su espíritu transforme nuestro hogar en un santuario de paz y amor.

Hoy puedes soltar esa piedra que has estado cargando. No necesitas llevarla más. El cielo comienza cuando dejamos de exigir justicia humana y comenzamos a vivir en la gracia divina. El perdón no solo restaura relaciones, sino que también nos libera para vivir en la plenitud del amor de Dios.

## Capítulo 9: Tradiciones que Sanan y Unen
**Sembrando Cielo a Través de Rituales Familiares**

Hay cosas que no se olvidan. El aroma del pan horneado por la abuela cada sábado, las oraciones compartidas antes de dormir, las canciones entonadas camino al colegio. Estos detalles, aparentemente pequeños, son en realidad los hilos eternos que entretejen el alma familiar. Son recuerdos que no solo permanecen en la memoria, sino que moldean el carácter y fortalecen los lazos entre generaciones.

Las tradiciones familiares no son meras costumbres. Son anclas emocionales que nos conectan con nuestras raíces, refugios espirituales que nos recuerdan la presencia de Dios en nuestra vida cotidiana, y puentes invisibles que unen generaciones con propósito y amor. En un mundo donde el ritmo acelerado amenaza con desarraigar nuestras conexiones más profundas, las tradiciones actúan como un bálsamo que sana y une.

## Un Hogar Celestial: Construyendo Vinculos Eternos

La Biblia nos recuerda la importancia de transmitir valores y enseñanzas a través de las generaciones. En **Deuteronomio 6:6-7**, se nos instruye: *"Y estas palabras que yo te mando hoy, estarán sobre tu corazón; y las repetirás a tus hijos, y hablarás de ellas estando en tu casa, y andando por el camino, y al acostarte, y cuando te levantes."* Este pasaje subraya cómo los rituales y tradiciones familiares son vehículos para inculcar la fe y los principios divinos en el corazón de nuestros hijos.

Una familia sin tradiciones es como un árbol sin raíces: puede sobrevivir por un tiempo, pero no florece ni da fruto. Las tradiciones son las raíces que nos anclan en el amor de Dios y en el propósito eterno.

Elena de White, en su obra *El Hogar Cristiano*, escribe que el hogar debe ser un lugar donde habite el amor: un amor que se manifieste en palabras y actos bondadosos, que fluya como un río sereno para refrescar a todos los que se acercan a su cauce. Este amor se cultiva y se fortalece a través de tradiciones que encarnan los valores del cielo.

Un Hogar Celestial: Construyendo Vinculos Eternos

Este capítulo es una invitación a rescatar, crear y fortalecer tradiciones que curen, eleven y conecten. Desde la lectura de la Biblia en familia hasta las comidas compartidas, cada acto puede convertirse en un ritual que siembre cielo en la tierra. Porque cuando una familia se une en torno a tradiciones que glorifican a Dios, no solo se construyen recuerdos, sino también un legado eterno.

## Dios es un Dios de Memorias Vivas
El poder de los Rituales que conectan el Cielo y la Tierra

Dios, en su infinita sabiduría, no dejó al ser humano sin historia ni sin rituales que lo conecten con su presencia. Desde el principio, estableció símbolos y prácticas que actúan como recordatorios vivos de su fidelidad y amor. El sábado, la Pascua, el altar, las piedras del Jordán... cada uno de estos elementos apunta a una verdad eterna: *"Recuerden lo que Yo he hecho."*

La Biblia nos llama repetidamente a preservar y transmitir estas memorias vivas. En **Deuteronomio 6:6-9**, se nos instruye: *"Y estas palabras que yo te mando hoy, estarán sobre tu corazón; y las repetirás a tus hijos, y hablarás de ellas estando en tu casa, y andando por el* *camino, y al acostarte, y cuando te levantes. Y las escribirás en los postes de tu casa, y en tus puertas."* Este mandato no solo es una invitación a recordar, sino también a enseñar, a construir un legado espiritual que trascienda generaciones.

Dios ha ordenado que en cada familia se establezcan tradiciones que eleven, ennoblezcan y fortalezcan. Estas tradiciones no son meras formalidades; son ecos del cielo en la tierra, prácticas que ennoblecen el alma y fortalecen los lazos familiares.

Cuando una familia establece rituales santos y gozosos, como la adoración en el hogar, la oración en conjunto o la celebración del sábado, se convierte en un reflejo del reino de Dios. Estos actos no solo unen a los miembros de la familia, sino que también los anclan en la esperanza y en la promesa de la redención. **Salmos 78:4** nos recuerda: *"No las encubriremos a sus hijos, contando a la generación venidera las alabanzas de Jehová, y su potencia, y las maravillas que hizo."*

Dios es un Dios de memorias vivas, porque conoce que el corazón humano necesita recordatorios tangibles de Su gracia. Cada ritual, cada tradición, se convierte en una oportunidad para sembrar cielo en la tierra y transformar lo ordinario en algo eterno. Como escribió Elena de White en *El Hogar Cristiano*, el hogar debe ser un lugar donde habite el amor: un amor que fluya como un río sereno, refrescando a todos los que se acercan a su cauce.

Este llamado a recordar y a establecer rituales no es solo una invitación, sino una responsabilidad sagrada. Pero cuando una familia vive en el marco de estas memorias vivas, se convierte en un testimonio del poder transformador de Dios, un faro de luz en un mundo que necesita desesperadamente esperanza.

## Tradiciones que dañan, vs. tradiciones que sanan,
### El poder transformador de las Tradiciones Familiares

No todas las tradiciones son sanas. Algunas son cargas culturales vacías que perpetúan patrones dañinos, como la violencia emocional, el machismo o una religiosidad sin gracia. Estas tradiciones, lejos de construir, erosionan los lazos familiares y distorsionan el propósito divino para nuestras vidas. Sin embargo, las verdaderas tradiciones sanadoras tienen el poder de transformar, elevar y conectar a las familias con Dios y entre sí.

**Las tradiciones que Sanan**

Las tradiciones sanadoras son aquellas que reflejan los valores del cielo y cumplen un propósito eterno. Estas son algunas tradiciones:

- **Nos conectan con Dios**: Actúan como recordatorios vivos de su amor y fidelidad. En **Deuteronomio 6:6-7,** se nos instruye: *"Y estas palabras que yo te mando hoy, estarán sobre tu corazón; y las repetirás a tus hijos, y hablarás de ellas estando en tu casa, y andando por el camino, y al acostarte, y cuando te levantes."* Este pasaje subraya la importancia de transmitir la fe a través de prácticas familiares.

- **Refuerzan la identidad familiar**: Ayudan a los miembros de la familia a comprender quiénes son y cuál es su propósito en el plan de Dios. **Salmos 78:4** nos recuerda: *"No las encubriremos a* *sus hijos, contando a la generación venidera las alabanzas de Jehová, y su potencia, y las maravillas que hizo."*

- **Ayudan a los niños a sentirse parte de algo sagrado**: Los rituales familiares, como la oración conjunta o la lectura de la Biblia, les enseñan que son parte de una historia divina más grande.

- **Reescriben la historia cuando venimos de contextos rotos**: Las tradiciones sanadoras tienen el poder de redimir y restaurar, ofreciendo un nuevo comienzo basado en los principios de amor y gracia.

**Tradiciones**

*El Hogar Cristiano:* Leemos que Dios ha ordenado que en cada familia se establezcan tradiciones que eleven, ennoblezcan y fortalezcan el carácter y los vínculos entre sus miembros. Estas palabras nos recuerdan que las tradiciones no son solo prácticas humanas, sino herramientas divinas para construir hogares que reflejen el carácter de Dios.

## Un Hogar Celestial: Construyendo Vinculos Eternos

**Reflexión**

Las tradiciones que sanan son un regalo de Dios para las familias. Cuando se establecen con propósito y amor, se convierten en raíces profundas que sostienen el árbol de la vida familiar. En contraste, las tradiciones dañinas deben ser evaluadas y, si es necesario, reemplazadas por prácticas que glorifiquen a Dios y fortalezcan los lazos familiares.

Este llamado a discernir entre tradiciones que dañan y tradiciones que sanan no es solo una invitación, sino una responsabilidad sagrada. Porque cuando una familia vive en el marco de tradiciones sanadoras, se convierte en un testimonio vivo del poder transformador de Dios.

**Testimonio:** Cuando un sábado cambió la historia

La familia de Mauro venía de tres generaciones sin fe. Él conoció el evangelio a los 27 años. Su esposa se resistía. Sus hijos crecían entre pantallas y sarcasmo.

Un Hogar Celestial: Construyendo Vínculos Eternos

Un día, Mauro decidió comenzar con una tradición: Cada sábado, al amanecer, prepararía el desayuno, leerían un versículo y agradecerían juntos. Solo eso.

Al principio, fue difícil. Luego, esperaban el sábado. Después, los hijos pedían orar. Un año después, toda la familia fue bautizada.

"Una pequeña tradición puede encender una llama que atraviese generaciones." (Me dijo Mauro, con lágrimas en los ojos.)

### ¿Cómo crear tradiciones familiares que unan y eleven?

🌿 **Sábado, familiar de gratitud.** Cada sábado al atardecer, compartir 3 cosas por las cuales están agradecidos y hacer una oración de alabanza juntos.

📖 **Versículo de la semana.** Escribir un texto bíblico en una pizarra o en la nevera. Leerlo y comentarlo durante la semana.

🎵 **Canción de bendición.** Escoger una canción de alabanza como "himno de familia". Cantarla en cumpleaños, logros, despedidas o momentos difíciles.

- **Receta de herencia.** Cocinar juntos una receta de la abuela o del país de origen. Mientras cocinan, conten historias familiares.

- **Carta del mes.** Una vez al mes, cada miembro escribe una carta corta a otro miembro de la familia. Se intercambian en una cena especial.

- **Día del servicio.** Una vez por trimestre, escoger una actividad para servir juntos: visitar a un anciano, cocinar para un vecino, limpiar un parque.

## Tradiciones espirituales que transforman Moldeando el carácter y Preparandonos para el Cielo

Las tradiciones espirituales son el corazón de la verdadera educación en el hogar. Son los hábitos, las palabras y las costumbres que se repiten cada día, y que tienen el poder de moldear el carácter, establecer prioridades y preparar a los hijos para ser ciudadanos del cielo.

## Un Hogar Celestial: Construyendo Vinculos Eternos

Elena de White, en su obra *La Educación*, afirma que la verdadera educación tiene su origen en el hogar, mediante los hábitos, las palabras y las costumbres que se repiten día tras día.

Estas palabras nos recuerdan que las tradiciones no son meras prácticas culturales, sino herramientas divinas para formar vidas que reflejen el carácter de Cristo.

### El impacto de las Tradiciones Espirituales

Las tradiciones espirituales tienen un impacto profundo en la vida de los hijos y en la dinámica familiar. Estas son algunas posibles tradiciones:

- **Moldean el carácter**: A través de la repetición de hábitos santos, como la oración en familia, la lectura de la Biblia y la adoración conjunta, los hijos aprenden valores que los guían en su relación con Dios y con los demás. **Proverbios 22:6** nos instruye: *"Instruye al niño en su camino, y aun cuando fuere viejo no se apartará de él."*

- **Establecen prioridades**: Las tradiciones espirituales enseñan a los hijos a poner a Dios en el centro de sus vidas, ayudándolos a discernir lo que es verdaderamente importante.

- **Preparan para el cielo**: Cada tradición espiritual es una oportunidad para sembrar semillas de fe y esperanza en el corazón de los hijos, preparándolos para vivir como ciudadanos del reino de Dios.

### Que de las Tradiciones

Elena de White enfatiza la importancia de las tradiciones espirituales en la formación del carácter y en la preparación para la vida eterna. En su obra *El Hogar Cristiano*, afirma que Dios ha ordenado que cada familia establezca tradiciones que eleven, ennoblezcan y fortalezcan los principios morales y espirituales que fundamentan la vida del hogar.

Estas tradiciones no solo fortalecen los lazos familiares, sino que también actúan como un puente entre el cielo y la tierra.

Un Hogar Celestial: Construyendo Vinculos Eternos

**Reflexión**

Las tradiciones espirituales que transforman son un regalo divino para las familias. Cuando se establecen con propósito y amor, tienen el poder de moldear vidas, fortalecer relaciones y preparar a los hijos para cumplir su propósito eterno. Este llamado a establecer tradiciones espirituales no es solo una invitación, sino una responsabilidad sagrada que refleja el carácter de Dios en nuestras vidas.

**Conclusión: El poder de las Tradiciones Familiares**

Una tradición familiar no necesita ser costosa ni elaborada; su verdadero valor radica en su intención, constancia y en el amor que la inspira. Las tradiciones no son simples rituales vacíos, sino oportunidades para crear memorias sagradas que trascienden el tiempo y fortalecen los lazos familiares. Son los ladrillos con los que se construye una herencia espiritual que no se desvanece.

## Un Hogar Celestial: Construyendo Vinculos Eternos

La Biblia nos recuerda la importancia de establecer prácticas que reflejen el amor y la gracia de Dios. En **Deuteronomio 6:6-7**, se nos instruye: *"Y estas palabras que yo te mando hoy, estarán sobre tu corazón; y las repetirás a tus hijos, y hablarás de ellas estando en tu casa, y andando por el camino, y al acostarte, y cuando te levantes."* Este pasaje subraya que las tradiciones familiares son un medio para transmitir la fe y los valores divinos a las generaciones futuras.

En su obra *El Hogar Cristiano*, Elena de White nos recuerda que Dios ha ordenado que en cada familia se establezcan tradiciones que eleven, ennoblezcan y fortalezcan. Estas palabras nos invitan a cultivar prácticas que no solo conecten a los miembros de la familia entre sí, sino que también los unan con Dios en propósito y comunión.

Hoy tienes la oportunidad de comenzar una nueva historia. Una tradición, por sencilla que sea, puede convertirse en el primer ladrillo de un legado eterno. Ya sea una oración compartida al final del día, una comida en familia o un momento de reflexión en el sábado, cada acto intencional tiene el poder de sembrar cielo en la tierra.

Un Hogar Celestial: Construyendo Vinculos Eternos

Las tradiciones familiares son más que recuerdos; son un testimonio vivo del amor de Dios en acción. Al construirlas con propósito y amor, estás dejando una herencia que no solo impactará a tu familia, sino que también glorificará a Dios.

Un Hogar Celestial: Construyendo Vínculos Eternos

## Capítulo 10: El gozo de ser una Familia con Propósito

**Cuando Vivir Juntos se Convierte en Misión Compartida**

Muchas familias viven bajo el mismo techo, pero sin rumbo compartido. Cumplen rutinas, celebran fechas y se apoyan en problemas, pero no saben por qué están juntas ni hacia dónde van. Vivir como familia sin propósito es como navegar sin brújula: se avanza, pero sin dirección. Sin embargo, cuando una familia descubre su llamado divino, todo se transforma en gozo. Las tareas cotidianas, las pruebas difíciles, los logros y hasta las pérdidas adquieren un significado eterno.

### El Propósito Divino para la Familia

La Biblia nos enseña que la familia no es una creación humana, sino un diseño divino con un propósito eterno. En **Josué 24:15**, se declara: *"Pero yo y mi casa serviremos a Jehová."* Este versículo refleja el llamado de cada familia a vivir en servicio y adoración a Dios. Cuando una familia adopta este propósito, sus miembros encuentran unidad y dirección en su misión compartida.

## Un Hogar Celestial: Construyendo Vinculos Eternos

Dios creó la familia como un espacio para enseñar, amar y reflejar Su carácter. En **Deuteronomio 6:6-7**, se nos instruye: *"Y estas palabras que yo te mando hoy, estarán sobre tu corazón; y las repetirás a tus hijos, y hablarás de ellas estando en tu casa, y andando por el camino, y al acostarte, y cuando te levantes."* Este pasaje subraya la importancia de transmitir la fe y los valores divinos a través de las generaciones.

### Cual es el Propósito Familiar

El hogar debe ser un lugar donde habite el amor: un amor que fluya como un río sereno, refrescando a todos los que están a su alcance. Estas palabras nos recuerdan que el propósito de la familia no es simplemente sobrevivir, sino prosperar en amor y unidad, reflejando el carácter de Cristo en cada interacción.

### Transformando el hogar en un espacio de gozo

Cuando una familia vive con propósito, cada aspecto de la vida se transforma. Las tareas cotidianas se convierten en oportunidades para servir a Dios, las pruebas difíciles se ven como herramientas para crecer en fe, y los logros se celebran como bendiciones divinas. Incluso las pérdidas pueden ser enfrentadas con esperanza, sabiendo que Dios tiene un plan eterno para cada miembro de la familia.

**Reflexión**

Este capítulo es una invitación a que tu familia no solo sobreviva, sino que viva con propósito eterno. Descubrir el llamado divino para tu hogar es el primer paso para transformar la rutina en misión, el esfuerzo en gozo y la convivencia en un reflejo del cielo en la tierra. Porque cuando una familia vive con propósito, no solo encuentra dirección, sino también el gozo de saber que está cumpliendo el plan de Dios.

## Dios llama a las familias, no solo a personas

Cuando Dios decidió cambiar el mundo, no llamó primero a un ejército… llamó a una familia: **Abraham, Sara, Isaac.**

"En tu simiente serán benditas todas las naciones de la tierra, por cuanto obedeciste a mi voz." (Génesis 22:18)

Un Hogar Celestial: Construyendo Vinculos Eternos

Elena G. White lo afirma con claridad: "Cada familia ha de ser una agencia misionera del cielo en la tierra." (*El Hogar Cristiano*, p. 31)

No importa si tu familia es numerosa o pequeña, si tienes hijos o vives sola con tu esposo. **Dios tiene una misión para ustedes.**


Testimonio: Una familia que encontró su llamado. La familia Solís era común. Trabajaban, estudiaban, asistían a la iglesia. Pero algo faltaba. Un día, en un campamento familiar, escucharon una frase que les cambió la vida: **"Una familia sin misión, es una casa sin alma."**

Desde ese día comenzaron a orar: "Señor, ¿qué propósito tienes para nosotros?"

La respuesta llegó: cada domingo, prepararían alimentos y devocionales para personas sin hogar. Lo que comenzó con 3 bolsas, se convirtió en una cadena de ayuda. Hoy, esa familia ha alcanzado cientos de vidas.

No cambiaron de trabajo. No se fueron de misioneros. Solo **convirtieron su hogar en un instrumento del cielo.**

---

## ¿Cómo descubrir el propósito de nuestra familia?

**Un llamado a vivir con intención y misión**

Dios tiene un propósito único para cada familia, un llamado especial que se alinea con los dones, pasiones y experiencias que Él ya ha puesto en nosotros. Descubrir este propósito no solo transforma la vida familiar, sino que también nos permite ser instrumentos de su amor y gracia en el mundo. Aquí hay pasos prácticos para encontrar ese propósito eterno:

**1. Pregúntate: ¿Qué dones y pasiones nos unen?**

¿Hospitalidad? ¿Música? ¿Oración? ¿Servicio? ¿Educación? Dios no nos llama a lo que no podemos hacer; Él usa lo que ya ha puesto en nosotros. Cada talento y pasión son una herramienta que puede ser utilizada para su gloria. **1 Pedro 4:10** nos recuerda: *"Cada uno según el don que ha recibido, minístrelo a los* *otros, como buenos administradores de la multiforme gracia de Dios."*

## 2. Pregúntale a Dios en oración

La oración es el primer paso para alinear nuestros planes con los de Dios. Encomendar nuestras obras al Señor nos da claridad y dirección. Como dice **Proverbios 16:3**: *"Encomienda a Jehová tus obras, y tus pensamientos serán afirmados."* A través de la oración, Dios revela Su propósito y nos da la sabiduría para caminar en Su voluntad.

## 3. Pregúntale al mundo: ¿Qué necesidad nos duele más?

La misión nace del amor que duele. Aquello que nos conmueve profundamente puede ser una señal del lugar donde Dios nos está llamando a servir. **Mateo 25:40** nos recuerda: *"De cierto os digo que en cuanto lo hicisteis a uno de estos mis hermanos más pequeños, a mí lo hicisteis."* Identificar las necesidades a nuestro alrededor nos ayuda a encontrar nuestro lugar en el plan de Dios.

## 4. Busca oportunidades pequeñas

No esperes un gran escenario para comenzar. El propósito nace de pasos sencillos, constantes y sinceros. Cada familia está llamada a ser una agencia misionera del cielo en la tierra. Las pequeñas acciones cotidianas — como ayudar a un vecino, orar en unidad o enseñar a los hijos a servir — son los ladrillos que construyen un legado eterno.

## Reflexión

Descubrir el propósito de nuestra familia es un viaje de fe, amor y obediencia. No importa si tu familia es numerosa o pequeña, si tienes hijos o vives solo con tu esposo o esposa. Dios tiene una misión para ustedes, una misión que puede transformar no solo su hogar, sino también el mundo que los rodea. Hoy es el día para comenzar a caminar en ese propósito eterno.

# Herramientas para construir una familia con misión

Un Hogar Celestial: Construyendo Vinculos Eternos

🌐 **Eslogan familiar.** Crea una frase que exprese su llamado. Ejemplo: "Amamos, servimos, oramos juntos."

📅 **Calendario de impacto.** Elijan una acción solidaria o espiritual por mes: visitar, servir, escribir, orar por otros.

📖 **Libro misionero familiar.** Lleven un registro de lo que han hecho, lo que Dios ha hecho, y lo que sueñan hacer.

🙏 **Culto con propósito.** Una vez a la semana, oren específicamente por el llamado que Dios les dio como familia.

💬 **Red de gratitud.** Motívense entre ustedes recordando lo bueno que han vivido juntos sirviendo.

**El propósito trae gozo… incluso en la prueba**
**Fortaleza y unidad en Tiempos Difíciles**

No es casualidad que las familias con misión sobrevivan mejor a las crisis. Cuando el propósito es claro, el dolor no destruye, sino que fortalece. Las pruebas, lejos de ser obstáculos insuperables, se convierten en oportunidades para crecer en fe, amor y unidad. En un hogar con propósito, las diferencias se disminuyen, el amor se enfoca y la misión compartida se convierte en el ancla que sostiene a la familia en medio de las tormentas.

**El propósito en la Biblia**

La Biblia nos enseña que el propósito divino da sentido y dirección, incluso en los momentos más difíciles. En **Romanos 8:28**, se nos asegura: *"Y sabemos que a los que aman a Dios, todas las cosas les ayudan a bien, esto es, a los que conforme a su propósito son llamados."* Este versículo nos recuerda que, cuando vivimos en el propósito de Dios, incluso las pruebas trabajan para nuestro bien y fortalecen nuestra fe.

Además, **Isaías 41:10** nos anima: *"No temas, porque yo estoy contigo; no desmayes, porque yo soy tu Dios que te esfuerzo; siempre te ayudaré, siempre te sustentaré con la diestra de mi justicia."* Este pasaje subraya que, en medio de las dificultades, Dios está presente para sostenernos y guiarnos.

**El Propósito Familiar**

Los que trabajan unidos por los demás crecen más profundamente en comunión. Estas palabras revelan que, cuando una familia se une en torno a una causa común, las pruebas no solo fortalecen su misión, sino también sus lazos. El servicio al prójimo no solo bendice a quienes lo reciben, sino que también transforma y une a quienes lo ofrecen.

## Reflexión

El propósito trae gozo incluso en la prueba, porque nos da una razón para perseverar y una esperanza que trasciende las circunstancias. Las familias con misión no solo sobreviven a las crisis; prosperan en ellas, encontrando fortaleza en su unidad y dirección en su llamado divino. Hoy es el día para abrazar ese propósito y permitir que transforme tu hogar en un refugio de amor, fe y esperanza.

## Conclusión

## El poder sanador del Perdón en el hogar Transformando el hogar en un Santuario de Paz

El perdón es el cimiento sobre el cual se construyen hogares llenos de amor, paz y unidad. Sin perdón, un hogar puede convertirse en una cárcel emocional, donde los resentimientos y las heridas no cicatrizadas aprisionan a sus habitantes. Pero cuando el perdón reina, el hogar se transforma en un santuario, un lugar donde la gracia de Dios fluye libremente y donde las relaciones se restauran y florecen.

Donde mora el Espíritu de Cristo, hay humildad, dulzura de carácter y perdón. Estas palabras nos enseñan que el perdón no es simplemente un acto humano, sino una manifestación viva del carácter de Cristo en nuestra vida diaria. Cuando Su Espíritu habita en nuestro hogar, el perdón deja de ser una obligación y se convierte en una práctica natural y transformadora.

Un Hogar Celestial: Construyendo Vinculos Eternos

## El perdón en la Biblia

La Biblia nos ofrece múltiples enseñanzas sobre el perdón y su importancia en nuestras relaciones. Algunos versículos clave incluyen:

- **Efesios 4:32 (RVR1960)**: *"Antes sed benignos unos con otros, misericordiosos, perdonándoos unos a otros, como Dios también os perdonó a vosotros en Cristo."* Este versículo nos llama a imitar el perdón divino en nuestras interacciones diarias.

- **Colosenses 3:13 (RVR1960)**: *"Soportándoos unos a otros, y perdonándoos unos a otros si alguno tuviere queja contra otro; de la manera que Cristo os perdonó, así también hacedlo vosotros."* Aquí se nos recuerda que el perdón es un reflejo del amor de Cristo hacia nosotros.

- **Mateo 6:14-15 (RVR1960)**: *"Porque si perdonáis a los hombres sus ofensas, os perdonará también a vosotros vuestro Padre celestial; más si no perdonáis a los hombres sus ofensas, tampoco vuestro Padre os perdonará vuestras ofensas."* Este pasaje subraya la conexión entre el perdón que damos y el perdón que recibimos de Dios.

## El perdón como transformación

El perdón no solo libera al que lo otorga, sino que también transforma el ambiente del hogar. Es un acto de humildad y amor que refleja el carácter de Cristo y que tiene el poder de restaurar relaciones rotas. Cuando elegimos perdonar, permitimos que la gracia de Dios actúe en nuestras vidas y en nuestras familias, creando un espacio donde la paz y la armonía pueden florecer.

El hogar debe ser un lugar donde habite el amor: un amor que fluya como un río sereno, refrescando a todos los que se acercan a su cauce. Ese amor, manifestado a través del perdón, convierte el hogar en un santuario, un refugio donde cada miembro de la familia encuentra restauración y descanso.

## Reflexión Final

El perdón es una herramienta divina que Dios nos ha dado para sanar y fortalecer nuestras relaciones. En el hogar, su impacto es especialmente poderoso, transformando lo que podría ser una prisión emocional en un espacio de libertad y amor. Este

Un Hogar Celestial: Construyendo Vinculos Eternos

llamado a practicar el perdón no es solo una invitación, sino una responsabilidad sagrada que refleja el carácter de Cristo en nuestras vidas.

# Capítulo 11: De Ruinas a Redención
## Tu hogar puede ser un pedazo de cielo

Si has llegado hasta aquí, no es por casualidad. Algo en tu alma anhela más que paredes limpias y una vida ordenada. Anhelas un cielo en casa. Una familia donde el amor no sea forzado, donde el perdón fluya, donde las oraciones no se apaguen, donde los vínculos resistan las tormentas, donde se sueñe con propósito y donde Jesús sea un habitante, no un visitante.

**El Diseño Divino para el hogar**

Desde el principio, Dios diseñó la familia como el primer santuario, un lugar donde Su presencia pudiera habitar y donde los vínculos humanos reflejaran Su amor eterno. En **Josué 24:15**, se nos recuerda: *"Pero yo y mi casa serviremos a Jehová."* Este compromiso no solo es una declaración de fe, sino una invitación a convertir el hogar en un espacio donde el cielo se anticipe en la tierra.

El hogar debe ser un lugar donde habite el amor: un amor que fluya como un río sereno, refrescando a

Un Hogar Celestial: Construyendo Vinculos Eternos

todos los que se acercan a su cauce. Estas palabras nos invitan a convertir nuestras casas en refugios de paz, amor y esperanza, donde cada miembro de la familia pueda hallar consuelo y propósito.

**Lecciones del viaje**

En este viaje hemos caminado juntos por heridas, esperanzas, decisiones y restauraciones. Hemos recordado que:

- **La familia fue el primer santuario**: Un lugar donde Dios habita y donde Su amor se manifiesta.

- **El tiempo es la semilla de lo eterno**: Cada momento invertido en la familia tiene un impacto eterno.

- **El amor sana lo que las palabras rompieron**: La gracia y el perdón tienen el poder de restaurar lo que parecía perdido.

- **La oración transforma el clima espiritual**: Elevar nuestras voces a Dios cambia no solo nuestras circunstancias, sino también nuestros corazones.

- **El propósito familiar le da alma al hogar**: Vivir con intención y misión une a la familia en un llamado divino.

**Reflexión**

Y ahora te toca a ti. No necesitas una familia perfecta para tener un hogar celestial. Solo necesitas un corazón dispuesto, una fe encendida y una oración sincera que diga: *"Señor, comienza conmigo. Haz de mi hogar un cielo anticipado."*

Porque el cielo comienza donde hay vínculos eternos, donde el amor de Dios es el fundamento y donde cada miembro de la familia se convierte en un reflejo de su gracia. Hoy es el día para transformar tu hogar en un pedazo de cielo, un lugar donde la redención no solo se espera, sino que se vive.

## Herramientas para construir un hogar con Cielo

### Adaptados para cada etapa familiar

Estos recursos son simples, pero si los usas con constancia, pueden transformar el ambiente espiritual de tu hogar. Cada práctica, versículo y tradición está diseñada para fortalecer los lazos familiares y acercar a tu familia al propósito divino.

### 📖 Versículos para el corazón familiar

Los siguientes versículos son pilares espirituales que pueden guiar y fortalecer a tu familia:

- **Salmos 127:1**: *"Si Jehová no edificare la casa, en vano trabajan los que la edifican; si Jehová no guardare la ciudad, en vano vela la guardia."*

- **Isaías 49:25**: *"Porque yo contenderé con el que contiende contigo, y salvaré a tus hijos."*

- **Proverbios 15:1**: *"La blanda respuesta quita la ira; más la palabra áspera hace subir el furor."*

- **Proverbios 22:6**: *"Instruye al niño en su camino, y aun cuando fuere viejo no se apartará de él."*

Un Hogar Celestial: Construyendo Vínculos Eternos

- **Josué 24:15**: *"Pero yo y mi casa serviremos a Jehová."*

### Ejercicios Espirituales Familiares

Establecer prácticas espirituales diarias puede transformar el clima emocional y espiritual de tu hogar. Aquí tienes una guía semanal:

| Día | Actividad Espiritual | Tiempo Estimado |
|---|---|---|
| Lunes | Oración de gratitud en pareja | 5 min |
| Martes | Lectura bíblica en familia | 10 min |
| Miércoles | Oración silenciosa individual | 5 min |
| Jueves | Compartir bendiciones de la semana | 10 min |
| Viernes | Culto familiar con música | 20 min |
| Sábado | Día de servicio a alguien más | Variable |
| Domingo | Revisión de metas espirituales | 15 min |

### Frases que sanan el ambiente del hogar

Las palabras tienen el poder de construir o destruir. Usa estas frases para fortalecer los lazos familiares:

- *"Te escucho."*

- *"¿En qué puedo ayudarte hoy?"*

- *"Gracias por estar aquí."*

- *"Perdón si te herí."*

- *"Estoy orgulloso de ti."*

- *"Oré por ti hoy."*

- *"Eres un regalo de Dios para mí."*

### Ideas de Tradiciones Familiares

Las tradiciones familiares son herramientas poderosas para crear vínculos eternos y fortalecer la fe:

- **Noche de testimonios**: Una vez al mes, comparte todo lo que Dios ha actuado en sus vidas.

- **Desayuno con propósito**: El primer domingo de cada mes, leemos juntos una promesa bíblica.

- **Círculo de afirmación**: En cumpleaños o logros, cada miembro comparte algo positivo sobre el homenajeado.

- **Caja de oraciones respondidas**: Guardar notas con respuestas divinas y leerlas juntos al final del año.

**Reflexión Final**

Dios ha ordenado que en cada familia se establezcan tradiciones que eleven, ennoblezcan y fortalezcan. Estas palabras nos recuerdan que cada práctica espiritual y cada tradición familiar poseen el poder de transformar el hogar en un reflejo del cielo

Hoy puedes comenzar a implementar estos recursos en tu hogar. No necesitas perfección, solo constancia y un corazón dispuesto. Porque el cielo comienza donde hay amor, propósito y vínculos eternos.

Un Hogar Celestial: Construyendo Vínculos Eternos

## Conoce al Autor

La Dra. Mariangeli Morauske es una figura excepcional cuya trayectoria multifacética abarca la academia, el liderazgo y la orientación espiritual. Su incansable dedicación a la educación y al servicio ha dado lugar a contribuciones significativas en roles como profesora, directora, decana, académica y capellán.

Como educadora, la Dra. Morauske ha transformado la vida de innumerables estudiantes al inspirarles con su pasión por el conocimiento y su compromiso con la excelencia. Sus innovadores enfoques pedagógicos, combinados con su profundo conocimiento de su campo, le han valido el respeto y la admiración tanto de colegas como de alumnos.

En el ámbito espiritual, la Dra. Morauske ejerce como capellán, ofreciendo apoyo emocional y orientación espiritual con compasión y fe inquebrantable. Su dedicación ha brindado consuelo

Un Hogar Celestial: Construyendo Vínculos Eternos

y esperanza a quienes enfrentan desafíos, dejando una profunda huella en sus vidas.

En su vida personal, la Dra. Morauske ejemplifica armonía y fortaleza. Es una esposa dedicada a su esposo, Daniel Morauske, y una madre amorosa de sus dos hijos: Leilani, enfermera registrada y educadora clínica en un hospital de la reserva indígena Navajo en Arizona, y Josiah, especialista en tecnología de la información radicado en Fort Worth, Texas. Su habilidad para equilibrar responsabilidades profesionales y familiares es un testimonio de su carácter excepcional.

La Dra. Morauske posee una formación académica diversa, que incluye una maestría en Psicología de Consejería de la Universidad Nacional, otra en Ministerio Pastoral de la Universidad Andrews, y un doctorado en Medicina. Esta sólida base académica refleja su compromiso integral con el bienestar físico, mental y espiritual.

Su trayectoria de vida la ha llevado a residir en Israel, Puerto Rico, Venezuela, Colombia y México, antes de establecerse en Alvarado, Texas. Estas experiencias globales han enriquecido su

## Un Hogar Celestial: Construyendo Vinculos Eternos

perspectiva y le han permitido desarrollar una profunda comprensión de diferentes culturas y comunidades.

Por encima de todo, la Dra. Morauske se define como una sierva de Dios, dedicada a vivir una vida de fe, propósito y servicio. Su historia personal es un testimonio de la fuerza del amor, la perseverancia y el impacto positivo que su compromiso inspira en los demás.

Un Hogar Celestial: Construyendo Vínculos Eternos

# Mis Notas

# Mis Notas

# Mis Notas

# Mis Notas

# Mis Notas

# Mis Notas

# Bibliografía

Balswick, J. O., & Balswick, J. K. (2007). *The Family: A Christian Perspective on the Contemporary Home*. Grand Rapids, MI: Baker Academic.

Biblia Reina-Valera Antigua (KJV). (1611). *King James Bible*. Thomas Nelson Publishers.

Bounds, E. M. (1990). *The Complete Works of E.M. Bounds on Prayer*. Grand Rapids, MI: Baker Books.

Chapman, G. (1992). *The Five Love Languages*. Chicago, IL: Northfield Publishing.

Chapman, G. (1992). The Five Love Languages: How to Express Heartfelt Commitment to Your Mate. Northfield Publishing.

Chapman, G. (2007). Everybody Wins: The Chapman Guide to Solving Conflicts Without Arguing. Carol Stream, IL: Tyndale House.

Chapman, G. (2010). *The Five Love Languages*. Chicago, IL: Northfield Publishing.

Chapman, G. (2012). *The 5 Love Languages of Teenagers*. Chicago, IL: Northfield Publishing.

Chapman, G. (2014). *The 5 Love Languages of Children*. Chicago, IL: Northfield Publishing.

Clinton, T., & Sibcy, G. (2006). Why You Do the Things You Do: The Secret to Healthy Relationships. Nashville, TN: Thomas Nelson.

Cloud, H., & Townsend, J. (2001). *Boundaries: When to Say Yes, How to Say No*. Grand Rapids, MI: Zondervan.

Cloud, H., & Townsend, J. (2006). *Boundaries with Kids: When to Say Yes, When to Say No*. Grand Rapids, MI: Zondervan.

Covey, S. R. (1989). *The 7 Habits of Highly Effective Families*. New York, NY: Simon & Schuster.

Dobson, J. (2005). *Enfrentando los desafíos de la crianza*. Carol Stream, IL: Tyndale House Publishers.

Dobson, J. (2010). *Bringing Up Girls*. Carol Stream, IL: Tyndale House Publishers.

Doherty, W. J. (1997). The Intentional Family: Simple Rituals to Strengthen Family Ties. New York, NY: Avon Books.

Enright, R. D. (2015). Forgiveness Is a Choice: A Step-by-Step Process for Resolving Anger and Restoring Hope. Washington, DC: APA LifeTools.

Fiese, B. H. (2006). *Family Routines and Rituals*. New Haven, CT: Yale University Press.

Gottman, J. M., & Silver, N. (1999). *The Seven Principles for Making Marriage Work*. New York, NY: Three Rivers Press.

Gottman, J. M., & Silver, N. (1999). *The Seven Principles for Making Marriage Work*. New York, NY: Three Rivers Press.

Lewis, C. S. (1960). *The Weight of Glory*. New York, NY: HarperOne.

Lucado, M. (2003). *Enfrente sus gigantes*. Nashville, TN: Grupo Nelson.

Rosberg, G., & Rosberg, B. (2003). *Cómo mejorar la comunicación en su matrimonio*. Little Rock, AR: Family Life.

Satir, V. (1983). *Peoplemaking*. Palo Alto, CA: Science and Behavior Books.

Stanley, C. (2010). *How to Reach Your Full Potential for God*. Nashville, TN: Thomas Nelson.

Stanley, C. (2012). *The Power of Prayer in a Believer's Life*. Grand Rapids, MI: Chosen Books.

Townsend, J., & Cloud, H. (2002). *How People Grow: What the Bible Reveals About Personal Growth*. Grand Rapids, MI: Zondervan.

Warren, R. (2002). *Una vida con propósito*. Grand Rapids, MI: Vida Publishers.

White, E. G. (1892). *El Camino a Cristo*. Mountain View, CA: Pacific Press Publishing Association.

White, E. G. (1893). *Fundamentals of Christian Education*. Nashville, TN: Southern Publishing Association.

White, E. G. (1898). *El Deseado de Todas las Gentes*. Mountain View, CA: Pacific Press Publishing Association.

White, E. G. (1903). *La Educación*. Mountain View, CA: Pacific Press Publishing Association.

White, E. G. (1905). *El Ministerio de Curación*. Mountain View, CA: Pacific Press Publishing Association.

White, E. G. (1905). *El Ministerio de la Bondad*. Mountain View, CA: Pacific Press Publishing Association.

White, E. G. (1952). *El Hogar Cristiano*. Mountain View, CA: Pacific Press Publishing Association.

White, E. G. (1957). *Consejos para la Iglesia*. Buenos Aires: Asociación Casa Editora Sudamericana.

Valenzuela, A. (2010). *Transforma tu familia a través de la renovación del entendimiento*. [Libro fuera de producción].

Valenzuela, A. (2003). *Casados pero contestos*. [Libro fuera de producción].

Valenzuela, A. (2008). *Casados pero contestos*. [Libro fuera de producción].

Valenzuela, A. (2005). *Como Fortalezer la Familia*. [Libro fuera de producción].

www.ingramcontent.com/pod-product-compliance
Lightning Source LLC
Chambersburg PA
CBHW051522230426
43668CB00012B/1711